Tetens | Gott denken

[Was bedeutet das alles?]

Holm Tetens

Gott denken

Ein Versuch über rationale Theologie

Reclam

Für Frank Mau
mit herzlichem Dank für die nachhaltige Ermutigung

3. Auflage

RECLAMS UNIVERSAL-BIBLIOTHEK Nr. 19295

Gestaltung: Cornelia Feyll, Friedrich Forssman
Gesamtherstellung: Reclam, Ditzingen. Printed in Germany 2015

ISBN 978-3-15-019295-5

Auch als E-Book erhältlich

www.reclam.de

Inhalt

»Der Gedanke, dass die Gebete der Verfolgten in höchster Not, dass die der Unschuldigen, die ohne Aufklärung ihrer Sache sterben müssen, dass die letzten Hoffnungen auf eine übermenschliche Instanz kein Ziel erreichen und dass die Nacht, die kein menschliches Licht erhellt, auch von keinem göttlichen durchdrungen wird, ist ungeheuerlich.«

Max Horkheimer[1]

1. Auf Gott hoffen – Wie vernünftig ist das?

»Persönlich glaube ich, dass zumindest die Hoffnung auf Gott rational gerechtfertigt werden kann.«[2] Mit diesem Satz endet ein überaus scharfsinniges Buch, das den Titel trägt »Die Unverzichtbarkeit natürlicher Theologie«. Der Satz beschreibt exakt, worum es im vorliegenden Buch gehen soll. Wir wollen eine komplexe Argumentation entfalten, wonach es im Vergleich mit der heute vorherrschenden naturalistischen Sicht auf die Welt und unser Leben keineswegs unvernünftig ist, auf Gott zu hoffen. Der Vergleich mit dem Naturalismus ist entscheidend, ist doch der Naturalismus heutzutage der gewichtigste Widersacher eines Gottesglaubens. Deshalb tut man gut daran, Argumente zugunsten des Theismus wesentlich dialektisch anzulegen: Schwierigkeiten des Naturalismus sind in Stärken des Theismus umzumünzen.

Dieses Buch offeriert einen Versuch über rationale Theologie. Theologie verdient nur dann rational genannt zu werden, vermag sie die »Sache mit Gott«[3] mit vernünftigen Überlegun-

1 Horkheimer (1968), S. 372; ich verdanke den Hinweis auf Horkheimer Henning Klingen (Wien).
2 Vgl. Weidemann (2007), S. 436.
3 So der Titel des immer noch lesenswerten Buches von Zahrnt (1966).

gen auszufechten. Was heißt in diesem Kontext »vernünftig«? Das müssen und können wir nicht grundsätzlich beantworten. Wir nennen lediglich einige wichtige Bedingungen, denen die nachfolgenden Überlegungen gerecht zu werden versuchen. Würden wir sie verfehlen, ließe das sofort legitime Zweifel an der Vernünftigkeit unseres Gedankengangs aufkeimen.

Erstens unterstellen wir, dass die Erfahrungswelt im wesentlichen genauso ist, wie die Wissenschaften sie beschreiben und erklären. Das auferlegt einer rationalen Theologie, mit ihren Thesen und Argumenten keinen anerkannten Ergebnissen der Wissenschaften zu widersprechen. Zweitens erteilen wir jedem Wunderglauben eine Absage.[4] In der uns zugänglichen Erfahrungswelt ereignet sich nichts, was sich nur so erklären lässt, dass anerkannte Naturgesetze oder andere strukturelle Gesetzmäßigkeiten der Erfahrungswelt einmalig außer Kraft gesetzt sind. Rationale Theologie sollte deshalb nicht mit der These liebäugeln, dass Gott in dieser empirischen Welt Wunder wirkt und sich durch sie offenbart. Drittens gelten für die rationale Theologie von vornherein alle fundamentalen Prinzipien vernünftigen Denkens. Demnach kann zum Beispiel selbst Gott nicht Junggesellen verheiratet machen und der rationale Theologe hat den Satz vom ausgeschlossenen Widerspruch zu

4 David Humes (1711–1776) im Grunde genommen transzendentales Argument gegen Wunder als Ausnahmen von den Naturgesetzen innerhalb der Erfahrungswelt scheint mir schlagend. Statt anzunehmen, dass bei einem Ereignis Naturgesetze und andere Erfahrungsregeln verletzt sind, ist es immer möglich, dass wir das Ereignis fehlerhaft oder unvollständig beobachtet haben oder es bisher unbekannte Kausalfaktoren gibt, die sich am Ende doch unter ein Naturgesetz subsumieren lassen. Und Erklärungen dieser Art liegen nach erklärungstheoretischen Maximen immer näher und sind immer plausibler als die Annahme, ein Naturgesetz sei ausnahmsweise in einem einzigen Falle verletzt.

respektieren und gültig hergeleitete Widersprüche sollten ihn veranlassen, mindestens eine Prämisse in der Herleitung zu verwerfen.

Erfüllt sie diese drei Bedingungen, scheint rationale Theologie erst einmal eine Weggefährtin des Naturalismus zu sein. Doch die Wege der beiden trennen sich alsbald. Rationale Theologie will sich einem Territorium der Wirklichkeit nähern, das nicht am Wegesrand der Erfahrungswissenschaften liegt. Diese *Terra incognita*, die die rationale Theologie »Gott« nennt und die der Naturalismus auf keiner seiner Landkarten von der Wirklichkeit verzeichnet, sollte mehr sein als bloß eine logische Möglichkeit, die bisher noch niemand widerlegt hat. Logisch ist allzu vieles möglich; es für wirklich zu halten, ist deshalb in hinreichend vielen Fällen schlicht abstrus. Freilich nehmen wir heute den Naturalismus ernst, und das durchaus zu Recht, wenngleich er sich nicht beweisen lässt, ja obwohl er nicht unerhebliche Probleme aufwirft.[5] Doch auch ein mögliches Dasein Gottes ist so ernst zu nehmen wie der Naturalismus, falls sich eine Lehre von Gott aus bestimmten Schwierigkeiten und Problemen des Naturalismus dialektisch herleiten lässt.[6] Ein durchgängig dialektischer Bezug auf die Ungereimtheiten des Naturalismus ist eine vierte Anforderung an die rationale Theologie. Fünftens jedoch lässt sich die rationale Theologie durch die Geschichte und das Schicksal der Gottesbeweise gewarnt sein: Sie träumt nicht davon, die Probleme, die sie dialektisch für sich ausbeutet, könnten den Naturalis-

5 Die nicht unerheblichen Probleme des Naturalismus thematisiert das Kap. 4.

6 Was es genau heißt, den Theismus aus den Schwierigkeiten des Naturalismus dialektisch herzuleiten, wird in Kap. 9 »Eine kosmologische Argumentation«, S. 51–54, und in Kap. 14 »Ein moralisches Argument«, S. 73–79 (hier 77–79), erläutert.

mus definitiv widerlegen[7] und den Theismus im Gegenzug definitiv beweisen.[8]

Wie weit kommt eine rationale Theologie, die sich den genannten fünf Bedingungen unterwirft? Sagen wir es mit den Worten eines antiken Textes:

> »Ich glaube an Gott, den Vater, den Allmächtigen, den Schöpfer des Himmels und der Erde. [...] Ich glaube an den Heiligen Geist, [...] Vergebung der Sünden, Auferstehung der Toten und das ewige Leben.«[9]

Den Gottesglauben, der sich in diesen Sätzen artikuliert, vermag eine rationale Theologie als vernünftige Hoffnung zu rechtfertigen, wohlgemerkt: als vernünftige Hoffnung. Gleichwohl ist das, sollte es gelingen, nicht wenig.[10] So viel vorweg

7 Es liegt in der Natur des Naturalismus wie überhaupt jeder metaphysischen Wirklichkeitsdeutung, nicht definitiv widerlegt werden zu können. Das wird im Kap. 3 über die Natur der Metaphysik genauer dargelegt.

8 Das Scheitern aller Gottesbeweise, also aller Argumente für die Existenz Gottes, die selber den Anspruch erheben, deduktiv schlüssig zu sein, wird hier vorausgesetzt, aber nicht begründet. Die Literatur zu den Schwierigkeiten der Gottesbeweise zählt Legion. Einer der kürzesten und elegantesten Nachweise, warum alle Versuche, das Dasein Gottes deduktiv schlüssig zu beweisen, als gescheitert gelten müssen, findet sich meines Erachtens in Kutschera (1990), S. 16–42.

9 Natürlich ein Torso des apostolischen Glaubensbekenntnisses der Christen. Es fehlen der mittlere, der christologische Teil und vom dritten Teil die Aussagen über die Kirche und die Heiligen.

10 Das Christentum wird im folgenden nicht verteidigt, obwohl der Text in seinem Gottesbegriff durchaus am Christentum orientiert ist. Das genuin Christliche am Christentum, nämlich die heilsgeschichtliche Bedeutung, die Christen dem Leben und Sterben

zur zentralen These, für die das vorliegende Buch eine Begründung zwar ausführlich, aber gleichwohl am Ende lediglich skizziert. Mehr als eine Skizze lässt das vorgeschriebene Format nicht zu.

des Jesus von Nazareth zuschreiben, bleibt ausgespart. Wie uneinheitlich und zum Teil problematisch in den verschiedenen biblischen Texten, den verschiedenen christlichen Theologien und den am Christentum orientierten Religionsphilosophien die heilsgeschichtliche Bedeutung des Lebens und Sterbens Jesu Christi gedeutet wird, ist aus der Warte rationaler Religionsphilosophie und Theologie unter anderen in Kutschera (2008) zusammengefasst. Die Kernaussage des Christentums, dass Gott in Jesus von Nazareth selber Mensch geworden sei und durch Christi Kreuzestod und Auferstehung alle Menschen errettet habe, verstehe ich nicht wirklich. Natürlich bekunde ich mit diesem Eingeständnis nur meine persönliche Meinung. Sie ersetzt keine gründliche Auseinandersetzung mit der Christologie, doch würde eine solche den Rahmen dieses Buches sprengen.

2. Naturalismus als Metaphysik

Wer heute fragt, wie vernünftig es ist, an Gott zu glauben, dem schallt ein »Indiskutabel unvernünftig!« von der Mehrheit der Intellektuellen, zumal von der Mehrheit der Philosophen unter den Intellektuellen entgegen. Die meisten Intellektuellen, vor allem aber die meisten Philosophen glauben heutzutage an den Naturalismus. Was glaubt ein Naturalist? Ich zitiere den Naturalisten Ansgar Beckermann (* 1945):

> »1. Die gesamte Realität besteht nur aus natürlichen Dingen; in der Realität gibt es weder Götter noch Geister noch Seelen noch andere übernatürliche Mächte und Kräfte. 2. Philosophie und Wissenschaft gehören enger zusammen als gemeinhin angenommen wird; letztlich sind es die Wissenschaften, die uns sagen, was es in der Welt gibt und wie das, was es gibt, beschaffen ist.«[11]

Den Glauben von Erwachsenen an Gott hält der Naturalist intellektuell für beschämend, so wie wir alle es vermutlich für intellektuell beschämend hielten, glaubte ein Erwachsener ernsthaft an Frau Holle. Am Ende seines Aufsatzes sagt Beckermann:

> »Es gibt kein methodisches a priori, das bewirkt, dass sich die Wissenschaften nur mit bestimmten Aspekten der Welt befassen oder dass sie die Welt nur aus einer bestimmten Perspektive erfassen können. Denn Wissenschaft ist nicht durch eine bestimmte Methode definiert; vielmehr ist sie

11 Beckermann (2012), S. 6.

der systematische Versuch, herauszufinden, welche Hypothesen am besten gestützt sind.«[12]

Das heißt ja wohl im Klartext: Allein die Wissenschaft ist erkenntnistheoretisch vorurteilsfrei offen für die Wirklichkeit, nur die Wissenschaft hat kein Brett vor dem Kopf, im Gegensatz zu den Anti-Naturalisten aller Couleur.

Allerdings ist falsch, was Beckermann über die wissenschaftliche Vorgehensweise behauptet. Die Wissenschaften kennen sehr wohl ein methodisches Apriori. Wissenschaft verpflichtet sich auf methodologische Standards. Sie einzuhalten entscheidet mit darüber, ob etwas als Wissenschaft gelten darf oder nicht. Zu diesen Standards zählen unter anderem zwei Verbote und ein positives Gebot: In den empirischen Wissenschaften soll außerhalb des Kontextes menschlichen Handelns[13] nichts mit der Wirksamkeit von Zwecken oder Zielen erklärt werden. Dieses Verbot teleologischer, auf das Ziel einer Entwicklung ausgerichteter Erklärungen ist eine methodologische Maxime. Auf sie haben sich die Wissenschaften verständigt, nachdem sich der Darwinismus und die Evolutionstheorie Ende des 19. Jahrhunderts durchgesetzt hatten. Der Ausschluss teleologischer Erklärungen geht einher mit einem methodischen Atheismus: Nichts darf mit dem Wirken und den Absichten einer erfahrungstranszendenten Intelligenz erklärt werden. »Die Hypothese Gott benötigen wir in der Wissenschaft nicht«, so lautet seit Laplace in den Wissenschaften der Schlachtruf des methodischen Atheismus. Diesen beiden

12 Ebd., S. 25 f.

13 Hartgesottene reduktionistische Naturalisten dulden selbst teleologische Erklärungen menschlicher Handlungen nur als ein vorläufiges Provisorium. Am Ende sollen die teleologischen Erklärungen naturgesetzlichen Erklärungen menschlicher Handlungen weichen.

methodologischen Verboten stellen die Wissenschaften ein Gebot positiv zur Seite: Außerhalb des Kontextes menschlicher Handlungen ist alles letzten Endes und auf lange Sicht naturgesetzlich zu erklären.

Die drei methodologischen Maximen sind legitim. Die Wissenschaften haben alles Recht der Welt, sich selber auf das zu beschränken, was sich mit bestimmten methodologischen Prinzipien und Regeln erforschen lässt. Trotzdem muss man an ein elementares wissenschaftshistorisches Faktum erinnern: Die drei Maximen sind nicht in Geltung gesetzt worden, weil und nachdem man zuvor die Existenz Gottes widerlegt und darüber hinaus wissenschaftlich bewiesen hat, dass sich abgesehen von menschlichen Handlungen ausnahmslos alles am besten naturgesetzlich erklären lässt, sodass teleologische Erklärungen wegfallen können.

Weil das so ist, mutet Beckermanns folgende Behauptung naiv an:

> »Wenn man die Welt wissenschaftlich untersucht, findet man de facto in der Regel nichts, was für die Existenz nicht-natürlicher Phänomene spricht. Wenn man die Welt unvoreingenommen beobachtet, zeigen sich in ihr weder Götter noch Geister, noch andere übernatürliche Mächte und Kräfte.«[14]

Nachdem sich die Wissenschaften auf den Ausschluss teleologischer Erklärungen und auf den methodischen Atheismus eingeschworen haben, soll eine unvoreingenommene wissenschaftliche Betrachtung der Wirklichkeit – also methodologisch genauer und ehrlicher formuliert –, soll eine Betrachtung der Wirklichkeit unter strikter Beachtung des methodischen

14 Ebd., S. 7.

Atheismus auf nichts stoßen, was für die Existenz von Göttern oder die Existenz des Gottes der Monotheisten spricht? »Kunststück!« möchte man Beckermann zurufen. Wer bereits im methodologischen Vorfeld Gott für die Wissenschaften als nicht-existent erklärt, kann ihn nicht finden. Ist damit das Dasein Gottes widerlegt? Wohl kaum. Wer mit der Wahl seiner Beweismittel Gott von vornherein als akzeptable Erklärung für irgendetwas ausschließt, für den existiert Gott offensichtlich nicht als eine Größe, mit der ernsthaft zu rechnen ist. Er hält das methodisch a priori, also aufgrund der Wahl seiner methodischen Mittel von vornherein für eine ausgemachte Sache.

Nein, mit den zugelassenen Erkenntnismitteln der Wissenschaften lässt sich ersichtlich nicht nachweisen, dass es nichts gibt, was sich nicht mit den zugelassenen Erkenntnismitteln der Wissenschaften nachweisen lässt. So ein vermeintlicher Beweis wäre selbstwidersprüchlich. Deshalb hat ihn die Wissenschaft wohlweislich bisher nicht präsentiert, und das dürfte auch in Zukunft so bleiben.[15]

Der Naturalismus folgt nicht aus den Resultaten der Wissenschaften. Er ist selber eine metaphysische Position, indem er die Wissenschaft zur Metaphysik erhebt. Was genauer heißt hier Metaphysik?

15 Wer es heutzutage wagen sollte, bei einer wissenschaftlichen Fachzeitschrift einen Beitrag einzureichen, in dem ein Phänomen der Natur oder der Kultur mit dem Wirken Gottes erklärt wird, der wird von den Herausgebern und den Fachgutachtern nicht gebeten, doch erst einmal gebührend auf die allgemein anerkannte vorurteilsfreie wissenschaftliche Widerlegung der Existenz Gottes einzugehen; erst dann könne man über die Annahme des Aufsatzes endgültig entscheiden. Tatsächlich wird ihm der Aufsatz postwendend kommentarlos zurückgeschickt. Eine solche wissenschaftliche Widerlegung der Existenz Gottes existiert nicht, es herrscht in den Wissenschaften nur das Apriori eines methodischen Atheismus.

3. Metaphysik

Philosophie fragt nach der besonderen Stellung des Menschen im Ganzen der Wirklichkeit, und sie fragt danach vor dem Hintergrund der Suche des Menschen nach dem Glück und einem gelingenden Leben.[16] Diese Leitfrage verlangt von Philosophen, sich darüber im klaren zu werden, welche grundlegenden Arten von Gegenständen es gibt und wie diese so miteinander zusammenhängen, dass sie Bestandteile ein und derselben Welt bilden. Es ist die Metaphysik, die auf die Frage nach den grundlegenden Arten von Gegenständen und nach ihrem Zusammenhang in ein und derselben Welt zu antworten versucht.

Überaus anspruchsvoll ist diese Aufgabe der Metaphysik. Denn so, wie wir über die Welt reden, scheint es sehr viele verschiedene Arten von Gegenständen in der Welt zu geben. Jedenfalls dienen sehr verschiedene Gegenstände als logische (grammatische) Subjekte unserer Rede über die Welt. Konzentriert man sich auf die ganz grundlegenden Arten von grammatischen Subjekten menschlicher Rede, lassen sich mindestens die folgenden Arten auflisten[17]: konkrete materielle Dinge und Prozesse; seelische und geistige Zustände bei Tieren und Menschen; abstrakte Gegenstände, wie zum Beispiel Eigenschaften oder mathematische Gegenstände wie Zahlen oder Mengen; Bedeutungen von Zeichen und Symbolen, insbesondere Bedeutungen sprachlicher Zeichen; moralische, ästhetische und andere Werte; Raum und Zeit; Möglichkeiten und andere Modalitäten; nicht materiell verkörperte geistige Wesen wie Götter oder wie Gott.

16 Vgl. Tetens (2010).

17 Die Liste beansprucht nicht, vollständig zu sein oder auch nur logisch-begrifflich Konträres aufzuführen und zu unterscheiden.

Sind wir nur deshalb, weil all die aufgeführten Gegenstände unzweifelhaft als grammatische Subjekte in unserer Rede vorkommen, auch schon darauf verpflichtet, ihre eigenständige Existenz zu unterstellen? Mitnichten. Oder besser gesagt: Genau darüber streiten Metaphysiker. Sie streiten über zweierlei: Erstens darüber, welche der aufgeführten Arten von Gegenständen tatsächlich existieren. So scheiden für einen Naturalisten nicht materiell verkörperte geistige Wesen wie Götter von vornherein aus. Ebenso leugnen Naturalisten, dass moralische und ästhetische Werte eine eigenständige Seinssphäre bilden. Zweitens debattieren Metaphysiker darüber, wie die Arten von Gegenständen, deren Existenz sie nicht rundweg abstreiten, in ihrer Sicht von der Wirklichkeit im Ganzen unterzubringen sind. Dabei geraten Metaphysiker immer wieder bei der Frage aneinander, ob bestimmte Arten von Gegenständen so etwas wie die »eigentliche« oder »primäre« Realität bilden, während die übrigen Arten von Gegenständen dann auf irgendeiner Weise auf die jeweils für primär gehaltene Realität zurückzuführen sind. Etwa muss ein strikter Materialist zeigen, wie seelische und mentale Zustände, abstrakte Gegenstände, Wortbedeutungen, Möglichkeiten und Werte so aufgefasst werden können, dass zugleich verständlich wird und bleibt, warum im eigentlichen Sinne nur materielle Dinge und Prozesse existieren.

Das Herzstück einer jeden Metaphysik bildet daher eine Auskunft über das Ganze der Wirklichkeit in der Form:

»Es existieren (von den oben unterschiedenen und möglicherweise weiteren Gegenstandsarten) nur die wenigen[18]

18 Jede Metaphysik frönt natürlich dem Ideal von »Occams Rasiermesser« und setzt ihren ganzen Ehrgeiz daran, mit möglichst wenigen Grundarten von Gegenständen auszukommen.

> Arten $A_1, \ldots, A_n$ von Gegenständen, die auf die Weise W miteinander verbunden eine Welt bilden; die meisten anderen Arten von Gegenständen, die wir zumindest sprachlich erst einmal unterscheiden, existieren entweder nicht oder lassen sich jeweils auf die Weise W' auf die wenigen Gegenstandsarten $A_1, \ldots, A_n$ zurückführen.«

Solche grundlegenden Auskünfte einer Metaphysik über das Ganze der Wirklichkeit haben einen besonderen Status. Sie lassen sich durch Erfahrung weder beweisen noch widerlegen. Warum?

Die Kernbehauptung einer jeden Metaphysik ist ein Allsatz. Er lässt sich nicht durch Erfahrung beweisen. Wer könnte ein für alle Mal ausschließen, eines Tages auf Gegenstände zu stoßen, die sich jedem Versuch widersetzen, sie auf die als grundlegend unterstellten Arten von Gegenständen sinnvoll zu reduzieren?

Die Allsätze lassen sich aber auch empirisch nicht widerlegen. Das ist einer Eigentümlichkeit jeder Metaphysik geschuldet. In der Metaphysik geht es um das Ganze der Wirklichkeit. Angenommen, wir glauben, dass *p* tatsächlich der Fall ist. Dann gehört freilich zur Wirklichkeit nicht nur diese Tatsache *p*, vielmehr gehört zu ihr auch die erkenntnistheoretische Tatsache, dass wir glauben, dass *p* der Fall ist. Jede Metaphysik muss ontologische Auskünfte über das, was der Fall ist, und erkenntnistheoretische Auskünfte darüber, was wir auf welche Weise von der Wirklichkeit erkennen, auf kohärente Weise miteinander verknüpfen. So unverzichtbar die Forderung nach Kohärenz ist, so wenig legt sie die Verknüpfung von ontologischen und erkenntnistheoretischen Tatsachen in einem metaphysischen System eindeutig fest. Immer bleibt ein Spielraum. Und bereits dieser Spielraum verhindert eine definitive Widerlegung metaphysischer Kernaussagen.

Betrachten wir das zunächst abstrakt. Nehmen wir also an,

ein Metaphysiker behaupte, dass alle realen Gegenstände von einer der Arten A_1 bis A_n seien oder sich auf eine bestimmte Weise auf sie zurückführen ließen. Des Weiteren nehmen wir an, dass es nicht gelingen will, Gegenstände der Art *A* einsichtig auf Gegenstände der Art $A_1, \ldots, A_n$ zurückzuführen. Das sieht ganz nach einer Widerlegung der Kernaussage unseres Metaphysikers aus. Trotzdem ist der Metaphysiker nicht gezwungen, von seiner Position abzurücken. Es steht ihm die Möglichkeit offen zu behaupten: Zwar sind auch Gegenstände der Art *A* letztlich Gegenstände der Art $A_1, \ldots, A_n$, aber wir sind nicht in der Lage, das zureichend zu erkennen. Diesen Zug kann ein Metaphysiker immer erst einmal machen, gerät er mit seiner metaphysischen Grundposition in Schwierigkeit. Allein deshalb schon sind Kernaussagen einer Metaphysik durch Erfahrung niemals definitiv zu widerlegen.

Aber ist der Rückzug auf eine erkenntnistheoretische Unerkennbarkeitsthese nicht ebenso dogmatisch wie hilflos? So betrachten es viele Philosophen – leider, denn mit welchem Recht verwirft man, ohne genauer auf den Einzelfall zu achten, die Möglichkeit, dass wir etwas Wichtiges über die Stellung des Menschen in der Welt in dem Augenblick in Erfahrung bringen, indem wir behaupten: Obwohl Gegenstände der Art *A* in Wahrheit Gegenstände der Art $A_1, \ldots, A_n$ sind, erscheinen sie uns anders, oder vermögen wir ihre wahre Natur erst einmal auf Anhieb nicht zu erkennen? Woher will man von vornherein wissen, dass man damit nicht etwas überaus Interessantes und Wichtiges über die Welt und unsere besondere Stellung in ihr entdeckt haben könnte?

Jedenfalls ist man in den Wissenschaften immer wieder gut damit gefahren, an Sätzen trotz abweichender Erfahrungen festzuhalten. Ein Beispiel mag das kurz illustrieren[19]: Lange

19 Vgl. genauer Tetens (1995).

Zeit glaubte man, dass Wärme ein Stoff sei, der materiellen Objekten bei Erwärmung zugeführt und bei Abkühlung entzogen wird. Gleichzeitig kannte man schon lange Zeit einen Spezialfall des Energieerhaltungssatzes, nämlich, dass bei bestimmten Bewegungsvorgängen die Summe aus Bewegungsenergie (kinetische Energie) und Lageenergie (potenzielle Energie) erhalten bleibt, während bei anderen Bewegungsvorgängen (z.B. reibungsbehafteten Vorgängen) Energie scheinbar verloren geht. In der ersten Hälfte des 19. Jahrhunderts kamen Physiker auf die Idee, trotzdem die Energieerhaltung zu unterstellen und den scheinbaren Verlust von Energie bei reibungsbehafteten Vorgängen damit zu erklären, dass die dabei entstehende Wärme in Wahrheit kein Stoff ist, sondern eine weitere Energieform. Berücksichtigt man diese Energieform, ist die Energie auch bei reibungsbehafteten Vorgängen eine Erhaltungsgröße. Gerade indem die Physiker trotz scheinbar widerstreitender Erfahrungen den Energieerhaltungssatz nicht opferten, entdeckten sie etwas überaus Wichtiges: Wärme ist kein Stoff, sondern eine Energieform.

Das Beispiel lässt sich auf die Metaphysik übertragen. Auch ein Metaphysiker ist gut beraten, nicht bei jeder erstbesten empirischen Anomalie seine Kernbehauptung zu opfern, sondern ebenso ernsthaft zu durchdenken, ob sich die scheinbar gegenläufige Erfahrung nicht auf informative Weise erkenntnistheoretisch erklären lässt. Wir gewinnen bestimmte relevante Erkenntnisse über uns nur, indem wir unsere Erfahrungen im Lichte der metaphysischen Kernbehauptung »Alle realen Gegenstände sind von einer der Arten A_1 bis A_n oder lassen sich auf eine bestimmte Weise auf sie zurückführen« interpretieren und sie gerade angesichts scheinbar widerstreitender Erfahrungen nicht fallenlassen. So betrachtet spielen metaphysische Kernbehauptungen die Rolle von Rahmenannahmen, die bestimmte Erfahrungen allererst ermöglichen und deshalb durch Erfahrung nicht zu widerlegen sind.[20]

4. Die Stagnation des Naturalismus

Kehren wir nach diesem kleinen Exkurs über Metaphysik zum Naturalismus zurück, der inzwischen zur Metaphysik so vieler Philosophen aufgestiegen ist. Viele glauben, der Naturalismus sei keine Metaphysik, denn er halte sich strikt und ausschließlich an die Ergebnisse der Wissenschaften. Über diesen Glauben vieler Philosophen kann man sich nur wundern. Er träfe zu, behauptete der Naturalismus lediglich, dass es die Erfahrungswelt gibt und sie durch die Wissenschaften zureichend erkannt wird. In der Tat, wer wollte das bezweifeln? Der Naturalist hingegen behauptet etwas anderes: Es gibt *nur* die durch die Wissenschaften erkennbare Erfahrungswelt.

Der Naturalismus gibt wie jede Metaphysik Auskunft über das Ganze der Wirklichkeit und die Stellung des Menschen in ihr. Nun drängen sich zwei Arten von Gegenständen derart auf, dass jedes metaphysische Panorama vom Ganzen der Wirklichkeit mit ihnen zurechtkommen muss. Da sind zum einen die materiellen Dinge und Prozesse in der Welt, wie insbesondere die Naturwissenschaften sie beschreiben und erklären. Da sind zum anderen wir Menschen als erlebnisfähige selbstreflexive Ich-Subjekte. Jede ernstzunehmende metaphysische Auskunft über das Universum und unseren Platz in ihm ist daher mit der Frage konfrontiert: Wie haben wir uns die Wirklichkeit im Ganzen vorzustellen, damit wir verstehen, wie materielle Dinge und Prozesse und zugleich erlebnisfähige selbstreflexive Ich-Subjekte zusammen ein und dieselbe Welt bilden?

20 Philosophen nennen solche Sätze »transzendentale Sätze«.

Die verschiedenen naturalistischen Antworten auf diese unausweichliche Frage leiden alle unter derselben Schwierigkeit: Sie können uns nicht wirklich verständlich machen, warum in einer an sich rein materiellen Erfahrungswelt eines Tages erlebnisfähige selbstreflexive Ich-Subjekte mit ihrer spezifischen Ich-Perspektive die Bühne betreten haben. Ich möchte mit vier Argumenten schlaglichtartig beleuchten, warum der Naturalismus hier in erheblichen Erklärungsnöten steckt.

Das erste Argument findet sich im wesentlichen bei Thomas Nagel.[21] Es ist ein wunderbar einfaches Argument. Sollte sich die Wirklichkeit vollständig durch die Erfahrungswissenschaften beschreiben und erklären lassen, müsste sie aus der objektiven Beobachterperspektive vollständig beschreibbar sein. Der Leser möge sich vorstellen, er wäre mit einer solchen Beschreibung konfrontiert. Dem Anspruch nach würde darin auch alles über ihn gesagt, was über ihn zu sagen wäre. Oder würde doch noch etwas fehlen?

Für jeden von uns würde sogar das Entscheidende in dieser angeblich vollständigen Beschreibung fehlen. Jeder von uns müsste noch erkennen: »Übrigens, die Person, von der da unter der Bezeichnung N. N. so ausführlich die Rede ist, das bin ich selber.« Und diese Feststellung, obwohl für jeden das A und O, um überhaupt ein Teil der objektiv beschriebenen Welt sein zu können, käme schon deshalb in der erfahrungswissenschaftlichen Beschreibung nicht vor, weil dort über Personen intersubjektiv mit Eigennamen oder Kennzeichnungen geredet werden muss, während wir unsere Selbstidentifizierung mit einer objektiv beschriebenen Person nur mit dem indexikalischen Ausdruck »Ich« vollziehen können. Bereits diese einfache Beobachtung belegt die Schwierigkeit, erlebnisfähige selbstreflexive Ich-Subjekte und ihre besondere Erste-Person-

21 Vgl. Nagel (1992), besonders Kap. IV »Das objektive Selbst«, S. 97–117.

Perspektive verständlich in einer objektiven, rein materiellen Welt zu plazieren.

1. *Prämisse:* Für jede in der Beobachterperspektive vollzogene Beschreibung von Tatsachen, die eine bestimmte Person betreffen, muss diese Person noch den Gedanken in der Erste-Person-Perspektive in Ich-Sätzen vollziehen, dass sie es ist, von der die Beschreibung handelt.
2. *Prämisse*: Diese Ich-Sätze, in der eine Person sich selbst identifiziert, sind nicht Teil einer erfahrungswissenschaftlichen Beschreibung der Wirklichkeit.
3. *Prämisse:* Ohne diese Selbstidentifizierung von Personen ist aber jede erfahrungswissenschaftliche Beschreibung von Personen unvollständig (und für die betreffende Person selber nutzlos).

---

4. *Konklusion:* Also sind erfahrungswissenschaftliche Beschreibungen von Personen unvollständig.

Nun zum zweiten Argument. Es hat eine ehrwürdige Tradition, denn bereits René Descartes (1596–1650) und Gottfried Wilhelm Leibniz (1646–1716) verdanken wir wirkungsmächtige Versionen dieses Arguments. Eine moderne und überaus elegante Version hat jüngst Franz von Kutschera[22] (* 1932) vorgelegt. Das psychologische Vokabular, mit dem wir im Alltag uns selbst, unsere Erlebnisse, unsere Gedanken, unsere Wahrnehmungen und so weiter aus unserer Erste-Person-Perspektive beschreiben, kann nicht definiert oder begrifflich expliziert werden mit Hilfe des naturwissenschaftlichen Vokabulars. Daher lässt sich aus rein physikalischen Prämissen niemals logisch-begrifflich auf mentale Sachverhalte schließen. Mithin schei-

22 Vgl. Kutschera (2011).

tert eine rein physikalische Erklärung des Mentalen. Denn eine Erklärung hat immer die Form eines Schlusses, und eine physikalische Erklärung des Mentalen müsste ein Schluss aus rein physikalischen Prämissen auf mentale Sachverhalte sein.

1. Prämisse: Das Mentale wird nur dann naturalistisch verstanden, wenn es möglich ist, logisch-begrifflich von physikalischen Aussagen auf Aussagen über Mentales zu schließen.
2. Prämisse: Es ist aber nicht möglich, logisch-begrifflich von physikalischen Aussagen auf Aussagen über Mentales zu schließen.

---

3. Konklusion: Also ist es nicht möglich, Mentales rein naturalistisch zu verstehen.

Wer aus physikalischen Sachverhalten auf mentale Sachverhalte schließen will, benötigt unter seinen Prämissen immer mindestens ein Brückenprinzip[23], das aus beiden Vokabularen, dem physikalischen und dem (alltags)psychologischen, zusammengesetzt ist. Brückenprinzipien, auf die Naturalisten zielen, haben die Form: »Die mentale Eigenschaft *M* ist genau dann realisiert, wenn eine der physischen Eigenschaften P_1 bis P_n realisiert ist.« Man nennt die Eigenschaften $P_1,\ldots,P_n$ physische Korrelate der mentalen Eigenschaft *M* und die oben genannten Brückenprinzipien Korrelationsbehauptungen. Gibt es für Eigenschaften immer auch physische Korrelate, so supervenieren, wie man in der Philosophie des Geistes dazu sagt, die

23 Die nachfolgenden Überlegungen basieren auf den Begriffen der logisch-begrifflichen, der naturgesetzlichen Supervenienz und der starken Emergenz, die in der Debatte um das Leib-Seele-Problem eine große Rolle spielen; vgl. dazu die informative Darstellung in Brüntrup (2012).

mentalen Eigenschaften über den physischen. Supervenienz ist wie folgt definiert: Mentale Eigenschaften verändern sich nur, wenn sich auch physische Eigenschaften verändern.

Naturalisten behaupten die Supervenienz des Mentalen über dem Physischen. Aber Supervenienz lässt sich unterschiedlich stark behaupten. Die entsprechenden Korrelationsbehauptungen könnten begrifflich wahr sein, so wie die Sätze »Junggesellen sind unverheiratet« oder »Die Sonne geht im Westen unter« aufgrund von Bedeutungsfestlegungen der Ausdrücke »Junggeselle« oder »Sonne« und »Westen« wahr, mithin begrifflich wahr sind. Man spricht dann von logischer oder begrifflicher Supervenienz. Jedoch hat niemand überzeugende begrifflich wahre Korrelationsbehauptungen präsentieren können. Darauf beruht auch das eben skizzierte zweite Argument.

Etwas schwächer, aber immer noch stark, wäre die sogenannte naturgesetzliche Supervenienz, wonach sich die Korrelationsaussagen aus den grundlegenden Naturgesetzen für das Physische (und möglicherweise gewissen physischen Rand- und Anfangsbedingungen) ableiten lassen. Doch auch hier meldet die Wissenschaft »Fehlanzeige«. Wie sollten psychophysische Korrelationsbehauptungen aus den Naturgesetzen überhaupt logisch-begrifflich folgen? Nehmen wir an, aus den Naturgesetzen *N* folgten tatsächlich logisch-begrifflich Korrelationsbehauptungen der Form »Der mentale Zustand *M* ist dann und nur dann realisiert, wenn einer der physischen Zustände $P_1, \ldots, P_n$ realisiert ist«. Die Naturgesetze sind jedoch ganz im Vokabular der Naturwissenschaften formuliert. Das aber würde bedeuten, dass aus den Naturgesetzen und einer Aussage der Form »Einer der physischen Zustände $P_1, \ldots, P_n$ ist realisiert«, mithin aus rein physikalischen Aussagen, die Aussage »Der mentale Zustand *M* ist realisiert«, also eine Aussage über Mentales logisch-begrifflich folgt. Und diese Möglichkeit hatten wir oben schon verworfen.

Deshalb muss sich der Naturalismus mit schwacher Supervenienz zufriedengeben. Sind die physischen Zustände der Welt und die grundlegenden Naturgesetze gegeben, so sind damit trotzdem die mentalen Zustände in der Welt noch nicht zwingend determiniert. Das beinhaltet die These von der schwachen Supervenienz. Ihr zufolge lässt das Mentale sich nicht erwarten. Vielmehr tritt es überraschend als etwas Neuartiges gegenüber dem Physischen und seinen Gesetzen in Erscheinung. Bei schwacher Supervenienz spricht man auch von starker Emergenz.[24]

Doch damit verflüchtigt sich die naturalistische Kernthese, das Mentale sei letztlich etwas Physisches, ins Nebulöse. Die These der starken Emergenz ist zwar mit dem Naturalismus verträglich, kaschiert gleichwohl jedoch gemessen an seinen Erklärungsansprüchen eine Erklärungslücke, die der Naturalismus bisher nicht zu schließen vermag. Starke Emergenz ist bereits Dualismus, aber noch im Gewande des Naturalismus. Das ist ein weiterer Grund dafür, warum der Naturalismus stagniert.

In Wahrheit ist die Sachlage noch prekärer. Die wissenschaftliche Forschung kennt bisher jedenfalls nur mehr oder weniger grobschlächtig formulierte notwendige physische Bedingungen für das Mentale. Von hinreichenden physischen Bedingungen für psychische Zustände ist weit und breit nichts zu sehen.

1. *Prämisse:* Für keine der zwei Behauptungen, dass das Mentale über dem Physischen entweder logisch-begrifflich oder naturgesetzlich superveniert, liegen bisher auch nur im An-

24 Ganz allgemein redet man dort von Emergenz, wo etwas geschieht, das gegenüber dem bisher Vorhandenen unerwartet und unvorhersehbar neuartige Eigenschaften aufweist.

satz plausible Begründungen, geschweige denn solide empirische Hinweise vor.

2. _Prämisse:_ Wenn keine der zwei Behauptungen ausreichend begründet ist, muss sich der Naturalismus auf die im Kern bereits dualistische These zurückziehen, dass das Mentale aus dem Physischen stark emergiert.
3. _Prämisse:_ Die dualistische These der starken Emergenz des Mentalen gegenüber dem Physischen ist für den Naturalisten das Eingeständnis einer gravierenden Erklärungslücke.

---

4. _Konklusion:_ Also muss sich der Naturalismus auf die bereits dualistische These der starken Emergenz des Mentalen gegenüber dem Physischen zurückziehen und damit faktisch eine gravierende Erklärungslücke eingestehen.

Schließlich leidet der Naturalismus noch unter einem weiteren Defekt. Selbstverständlich glauben Naturalisten, die materielle Realität zumindest in ihren Grundzügen zureichend erkennen zu können. Zugleich hat sich der Naturalist darauf verpflichtet, alles naturgesetzlich zu erklären. Es ist freilich ausgeschlossen, vollständig naturgesetzlich und zirkelfrei zu erklären, warum wir Menschen die materielle Realität zureichend erkennen. Eine solche Erklärung müsste nämlich die folgende Form annehmen:

1. _Prämisse:_ Es gelten in Bezug auf uns Menschen als körperliche Wesen die Bedingungen *B*.
2. _Prämisse:_ Es gelten in Bezug auf die materielle Welt die Bedingungen *U*.
3. _Prämisse:_ Es gilt naturgesetzlich: Insofern wir als körperliche Wesen die Bedingungen *B* erfüllen und die materielle Welt die Bedingungen *U*, können wir die materielle Welt hinsichtlich ihrer Aspekte *A* zureichend erkennen.

4. *Konklusion:* Also können wir die materielle Welt hinsichtlich der Aspekte *A* erkennen.

Wenn wir die ersten beiden Prämissen für wahr halten, so glauben wir, die materielle Welt wenigstens hinsichtlich der Aspekte *B* und *U* bereits zutreffend erkannt zu haben. Natürlich ist vorstellbar, dass wir unser Wissen der Aspekte *B* und U seinerseits naturgesetzlich erklären können. Gleichwohl kündigt sich damit ein unendlicher Regress an. Ihm entrinnen wir nur, wenn wir schließlich doch auf einen erklärenden Sachverhalt stoßen, den wir nicht mehr naturgesetzlich, sondern auf andere Weise erklären können.

Welche Konsequenz sollten wir aus den erheblichen Erklärungsdefiziten des Naturalismus ziehen? Verkehrt wäre es, den Naturalismus für widerlegt zu halten. Vielleicht versorgt uns die empirische Forschung ja doch eines Tages mit hinreichenden empirischen Evidenzen für echte Korrelationen zwischen mentalen und physischen Eigenschaften. Wer will definitiv ausschließen, dass sich unser Verständnis der fundamentalen Naturgesetze noch so ändern könnte, dass möglicherweise sogar naturgesetzliche Supervenienz des Mentalen über dem Physischen gut begründet erscheint.[25] Zudem kann der Naturalist, wenn alle Stricke reißen, immer noch den erkenntnistheoretischen Joker ziehen.[26]

25 Auf einen tiefgreifenden Wandel unseres Verständnisses der fundamentalen Naturgesetze hofft Nagel (2013), wobei er glaubt, dass wir in Zukunft wieder eine nicht-theistische Spielart teleologische Naturgesetze und eine Art von Panpsychismus werden zulassen müssen. Zugleich ist das für ihn Musik einer sehr sehr fernen Zukunft.

26 So argumentiert McGinn (1996), S. 65.

II. Panentheismus

5. Endlicher Geist und Materie

Naturalistisch gesehen bleibt uns unverständlich, warum wir als Ich-Subjekte unbedingt in einem biologischen Organismus verkörpert sein müssen. Das wäre nur dann anders, könnten wir Brückenprinzipien zwischen physischen Sachverhalten und seelisch-geistigen Sachverhalten formulieren, die begrifflich wahr sind.[1]

Nun haben Philosophen zu Recht darauf aufmerksam gemacht, dass wir uns intersubjektiv nur als Personen wechselseitig identifizieren können, indem wir auch auf unsere Körper Bezug nehmen.[2] Eine Person ist für andere Beobachter dort anwesend, wo sich ihr Körper befindet. Dieselbe Person kann nicht gleichzeitig an verschiedenen Orten sein. Die beiden zuletzt formulierten Sätze zum Beispiel sind begrifflich wahr. Ist es also doch begrifflich notwendig, dass wir als Ich-Subjekte zugleich körperliche Wesen sind?

Ein begrifflich begründeter Zusammenhang besteht tatsächlich[3], aber nicht einfach schon deshalb, weil wir Ich-Subjekte sind, sondern weil wir endliche Ich-Subjekte sind. Es ist der Begriff des endlichen Ich-Subjekts, der eine begriffliche

1 So das zweite Argument aus Kap. 4, vgl. hier S. 24.

2 Vgl. Strawson (1972).

3 Allerdings ist der behauptete Zusammenhang vollkommen unspezifisch: Irgendwelche detaillierten Eigenschaften unseres physischen Körpers werden nicht begrifflich in Beziehung gesetzt dazu, dass wir Ich-Subjekte sind. Insofern hat der hier angesprochene begriffliche Zusammenhang zwischen Geist und Körper nichts zu tun mit den Korrelationsbehauptungen, die uns die Naturalisten als Ergebnisse der Hirnforschung versprechen, aber bis heute nicht beibringen können.

Brücke zwischen Geist und Körper schlägt. Georg Wilhelm Friedrich Hegel (1770–1831) verdanken wir eine geniale Definition des Endlichen: Etwas ist endlich, wenn es durch etwas begrenzt und bedingt ist, was es selbst nicht ist. Ich bin ein endliches Ich-Subjekt, wie jeder andere von uns auch, unter anderem deshalb, weil ich anderen Menschen begegne, die ebenfalls Ich-Subjekte sind.

Ich begegne anderen Ich-Subjekten, indem ich mich wahrnehmend, empfindend, denkend, redend, vorstellend, wollend und handelnd auf sie beziehe. Selbstverständlich vollziehe ich solche Bezugnahmen auf andere Ich-Subjekte in meiner eigenen Ich-Perspektive. Niemals erlebe ich sie in deren eigener Ich-Perspektive. »Ich erlebe die von mir unterschiedene Person N. N. direkt in der N. N. eigenen Ich-Perspektive« ist ein begrifflich falscher Satz. Erlebe ich etwas, gleichgültig, was es ist, bin immer noch ich es, der es erlebt. Auf andere Menschen als Ich-Subjekte kann ich mich somit nur indirekt, vermittelt über etwas Anderes beziehen. Dieses Andere kann keine Ich-Perspektive sein. Es kann überhaupt nichts Geistiges sein, denn geistige Zustände, sofern ich sie direkt erlebe, sind immer meine Zustände, nicht jedoch die einer anderen Person. So etwas Nicht-Geistiges dürfen wir mit guten Gründen als »Physisches« oder »Materielles« bezeichnen. Mithin müssen mir die anderen Ich-Subjekte vermittelt über Materie begegnen.

1. *Prämisse:* Ich bin ein endliches Ich-Subjekt, dem andere Ich-Subjekte begegnen.
2. *Prämisse:* Begegnen kann ich diesen anderen Ich-Subjekten nur, indem ich mich in meiner eigenen Ich-Perspektive wahrnehmend, empfindend, denkend, wollend auf sie beziehe.

---

3. *Zwischenkonklusion:* Also muss ich mich als endliches Ich-Subjekt in meiner eigenen Ich-Perspektive wahrnehmend,

empfindend, denkend, wollend auf andere Ich-Subjekte beziehen.

4. *Prämisse:* In einer solchen Bezugnahme nehme ich aber niemals die eigene Ich-Perspektive dieser anderen Subjekte ein oder erlebe sie und ihre Zustände in ihrer eigenen Ich-Perspektive.
5. *Prämisse:* Wenn das so ist, dann müssen die anderen Ich-Subjekte mir in meiner eigenen Ich-Perspektive in und als etwas begegnen, was von ihrer eigenen Ich-Perspektive und überhaupt von etwas Geistigem verschieden ist.

---

6. *Zwischenkonklusion:* Also müssen mir als endlichem Ich-Subjekt andere Ich-Subjekte in und als etwas erscheinen, was von jeder geistigen Ich-Perspektive und allen meinen geistigen Zuständen verschieden ist.
7. *Prämisse:* Etwas von einer geistigen Ich-Perspektive und geistigen Zuständen Verschiedenes ist etwas Physisches oder Materielles.

---

8. *Konklusion:* Also müssen mir die anderen als in Materie verkörperte Personen begegnen.

Die Konklusion ist zwar für mich formuliert, sie trifft aber auf jeden von uns in seiner jeweiligen Ich-Perspektive zu. Von daher darf man die Konklusion verallgemeinern: Wir Menschen müssen als endliche Wesen für einander jeweils in Materie verkörperte Ich-Subjekte sein.

Unser Argument erklärt nicht das Geistige aus dem Materiellen, sondern es erklärt eine Eigenschaft des Geistigen, nämlich, dass wir Menschen körperliche Wesen sind, weil wir endliche Ich-Subjekte sind.

Was heißt es, ein materiell verkörpertes Ich-Subjekt zu sein? Unser Argument verpflichtet uns auf eine sehr schwache Lesart. Aus meiner eigenen Ich-Perspektive bin ich dieselbe Person, insofern ich mich als dasselbe Subjekt meiner verschiedenen Bewusstseinszustände denke: Ich, der *X* bewusst erlebt, bin derselbe, der auch schon *Y* bewusst erlebt hat. Meine Identität ist für mich nicht an spezifische physische Bedingungen gebunden, sondern allein an den ständig erneuerten Vollzug des Gedankens, mir selber verschiedene Bewusstseinszustände zuzuschreiben.

Damit jedoch andere Personen mich als dieselbe Person erkennen und wiedererkennen können, sind für sie physische Bedingungen notwendig, auf die sie sich stützen können. Sind diese notwendigen physischen Bedingungen zusammen auch hinreichend, ja müssen sie sogar hinreichend sein? Dann hätten wir es mit Korrelationen zu tun. Wenn jeder mentale Zustand aber hinreichende und notwendige physische Bedingungen hat, dann könnte man mit ihrer Hilfe aus der Beobachterperspektive alles über ein Ich-Subjekt wissen, was dieses von sich aus der eigenen Ich-Perspektive weiß. Die Ich-Perspektive ließe sich durch die Beobachterperspektive vollständig ersetzen. Diese Annahme ist absurd. Schon der erste Einwand gegen den Naturalismus aus Kapitel 4 widerlegt sie. Somit darf das Mentale noch nicht einmal schwach, geschweige denn begrifflich über dem Physischen supervenieren.

Von daher ziehen wir aus unserem Argument die schwächste Folgerung: Wir sind als endliche Ich-Subjekte insofern an Physisches gebunden, als für mentale Zustände gewisse physische Bedingungen notwendig sind. Sie sind notwendig, weil jedem von uns ohne sie unsere Mitmenschen gar nicht als endliche Ich-Subjekte in der intersubjektiven Beobachterperspektive zugänglich wären. Man kann es auch kurz sagen: Materie erklärt nicht das Mentale. Materie ist Bedingung der Möglichkeit intersubjektiver Begegnung von uns Menschen als endlichen Ich-Subjekten. Die empirische Forschung lebt selbst essenziell von einem intersubjektiven Zugang zum Selbstbewusstsein und hat – wenig verwunderlich – bisher auch keine Befunde erbracht, die eindeutig anders zu interpretieren wären.

6. Unendlicher Geist

Wir können uns unzweifelhaft als endliche Ich-Subjekte denken und erkennen. Damit können wir auch denken, was wir nicht sind: ein unendliches Ich-Subjekt. Ein solches unendliches Ich-Subjekt ist dadurch definiert, dass es weder epistemisch noch in dem, was es will, durch etwas beschränkt und begrenzt ist, was es selber nicht ist.[4] Es kann nur ein einziges unendliches Ich-Subjekt geben.[5] Nennen wir es »Gott«. Daher ist der Satz begrifflich wahr: »Gott ist das einzige unendliche Ich-Subjekt und

4 Für ein Ich-Subjekt existiert nur das, worauf es sich in seiner Ich-Perspektive bewusst denkend, wollend, vorstellend, wahrnehmend bezieht. In diesem Sinne gilt für jedes Ich-Subjekt eine Abwandlung des bekannten Grundsatzes von George Berkeley (1685–1753): Sein ist Gedachtwerden. Für das unendliche Ich-Subjekt ist der Satz Berkeleys wahr, für endliche Ich-Subjekte gerade nicht, obwohl sie prinzipielle Schwierigkeiten haben zu beweisen, dass es eine von ihren bewusst vollzogenen Denkakten unabhängige Realität gibt. Endliche Ich-Subjekte stehen in einer Spannung zwischen ihrer solipsistisch-berkeleyschen Struktur und der Unwahrheit des Berkeley-Satzes: Von ihrer Struktur her neigen endliche Ich-Subjekte zur Selbstbezogenheit und zur Selbstsucht, die sie immer wieder erst durch Einsicht in ihre Endlichkeit und damit in die Existenz anderer Ich-Subjekte und einer materiellen Welt korrigieren und überwinden müssen. Innerhalb einer rationalen Theologie eröffnet sich hier eine Möglichkeit, die Rede von der Sünde im Sinne eines strukturellen existenziellen Defekts des Menschen einzuholen (leider kann dieser interessante Aspekt hier nicht weiter verfolgt werden).

5 Vgl. dazu die, hier S. 41, in Fußnote 13 skizzierte Begründung.

als dieses ist er weder epistemisch noch in dem, was er will, durch etwas begrenzt und beschränkt, was er selber nicht ist.«

Definitionen implizieren und garantieren nicht die Existenz des Definierten. Aber da wir tatsächlich endliche Ich-Subjekte sind, ist der Gedanke eines unendlichen Ich-Subjekts immerhin logisch-begrifflich widerspruchsfrei.[6] Wir sollten einräumen, dass wir implizit Gott als Möglichkeit denken, wenn wir uns selbst zu Recht als endliche Ich-Subjekte erkennen. Gott ist zumindest eine begriffliche Möglichkeit, die zu erwägen keineswegs an den Haaren herbeigezogen ist.

Aber sollen und können wir ernsthaft mit dieser Möglichkeit rechnen? Dürfen und sollen wir das Dasein Gottes behaupten? Diese Frage wird sich erst am Ende dieses Buches beantworten lassen. Vor einer Antwort wartet noch erhebliche Gedankenarbeit auf uns.

Wie verhält sich Gott zu unserer Erfahrungswelt? Für eine Antwort müssen wir nur unsere Definition des Wortes »Gott« ein Stück weit ausbuchstabieren. Dabei sollten wir stets auch auf uns blicken; was immer uns beschränkt, Gott beschränkt es nicht.

Gäbe es etwas, was Gott nicht denkend erkennt, dann wäre er durch etwas anderes begrenzt, also endlich. Daher erkennt Gott denkend, was immer der Fall ist. Gott ist – traditionell gesprochen – allwissend. Zugleich wird damit die Erkennbarkeit der Wirklichkeit eingeräumt.

Selbst dann, wenn wir glauben gute Gründe dafür zu haben, dass etwas der Fall ist, kann sich immer noch herausstellen, dass es doch nicht der Fall ist. Unser Denken ist fehlbar und irrtumsanfällig. Gott unterlaufen keine Denkfehler und Irrtü-

6 Wir können uns deshalb begrifflich widerspruchsfrei als ein unendliches Ich-Subjekt denken, weil wir nicht notwendig endliche Ich-Subjekte sind. Wir sind es zuerst einmal nur faktisch.

mer. Wenn Gott denkt, dass etwas der Fall ist, dann ist es der Fall. In diesem Sinne verdient Gottes Denken uneingeschränkt vernünftig genannt zu werden. Deshalb lässt sich von Gott die folgende fundamentale Äquivalenz (*G*) aussagen:

(*G*) Ein Sachverhalt *p* ist genau dann der Fall, wenn Gott mit vernünftigen Gründen denkt (denkend erkennt), dass *p* der Fall ist.

Die Äquivalenz (*G*) besagt, dass Gott alles Wirkliche begründet, dass – etwas anders gesagt – alles Wirkliche im Denken Gottes einen Grund hat, dass und warum es der Fall ist. Damit ist noch nicht gemeint, dass Gott gutheißt und will, was der Fall ist. Darauf kommen wir gleich zu sprechen. Er weiß nur, dass und warum es der Fall ist. Die philosophische, theologische und religiöse Tradition hat das unter anderem in folgender Weise zur Sprache gebracht: Gott ist der Urgrund des Seins (der Wirklichkeit), er ist die alles bestimmende Wirklichkeit.[7]

Offenkundig kann Gott nichts in der Welt sein. Insbesondere sind Menschen nicht Gott, weder als Individuen noch als Menschheitskollektiv. Freilich ist Gott auch nicht das Ganze der Welt. Die Welt als ein Ganzes ist kein Ich-Subjekt, das denkt. Gott denkt nur alle einzelnen Dinge und Sachverhalte immer auch in ihrem Zusammenhalt zum Ganzen einer einzigen Welt. Gott ist allerdings auch nicht außerhalb der Welt, schon gar nicht räumlich, denn so wäre er durch etwas begrenzt, was er selber nicht ist. Somit bleibt nur die Lesart, dass alles »in« Gott ist. Erneut kann das nicht räumlich gemeint sein. Alles ist vielmehr Inhalt entsprechender Gedanken Gottes, al-

7 »Gott als die alles bestimmende Wirklichkeit« ist eine berühmte Formulierung von Rudolf Bultmann (1961), die unter anderen bei Wolfhard Pannenberg (1973) eine große Rolle spielt.

les ist in Gottes Gedanken, und in der Wendung »in Gottes Gedanken sein« ist der Sinn von »in« kein räumlicher. Somit ist das Verhältnis von Gott und Welt pan-en-theistisch bestimmt: Alles in der Welt ist in Gott in dem Sinne, dass es Inhalt vernünftiger Gedanken Gottes ist.

Natürlich liegt die Frage nahe, ob wir Menschen und die materiellen Dinge und Ereignisse in unserer Erfahrungswelt auch unabhängig oder außerhalb von Gottes Denken existieren. Die Frage ist, so wie wir Gott definiert haben, so unangemessen, wie aufgrund der Definition von Gasmolekülen oder Photonen die Frage unangemessen ist, ob Gasmoleküle riechen oder welche Farbe Photonen haben. Natürlich, wir Menschen und unsere Erfahrungswelt existieren, genauso, wie wir schon immer von unserer Existenz und der Existenz der Dinge in der Welt geredet haben. In dieser Hinsicht ändert sich nichts, wenn wir von Gott reden oder gar ausdrücklich sein Dasein annehmen. Wenn Gott, wie wir ihn definiert haben, ist, dann existiert unsere Welt im Einklang mit zwei Bestimmungen: (1) Was immer in der Welt der Fall ist, Gott erkennt es vernünftig denkend. Wenn Gott vernünftig denkend glaubt, dass etwas der Fall ist, so ist es auch der Fall. Und das lese man so, wie es dasteht; insbesondere lese man in das »wenn-dann« kein kausales »weil« hinein. Darauf kommen wir gleich im nächsten Kapitel zu sprechen. (2) Nichts, was in der Welt der Fall ist, vermag Gottes Souveränität anzutasten und Gottes Denken und Wollen Beschränkungen aufzuerlegen. Es ist unerheblich und irrelevant, ob wir unabhängig oder außerhalb von Gottes Gedanken existieren, was immer das heißen mag. Vielmehr dürfen wir, wenn wir Gottes Dasein unterstellen, nur so über die Existenz von uns Menschen und der materiellen Welt reden, dass unsere Rede nicht logisch und begrifflich den beiden Bestimmungen (1) und (2) widerspricht. Und genau das wird uns in den nächsten beiden Kapiteln weiter beschäftigen.

Beginnen wir gleich mit dieser Übung, die zunächst nichts anderes von uns verlangt, als die inferenziellen Voraussetzungen und Konsequenzen unserer Definition Gottes auszuführen. Es ist ziemlich wichtig zu erkennen, dass aus unseren Überlegungen nicht folgt, dass Materie eigentlich nur eine Täuschung ist.[8] Für uns Menschen ist Materie alles andere als eine Täuschung. Wir sind in Materie verkörperte Ich-Subjekte. Die Materie bedingt und begrenzt uns als endliche Wesen. Materie ist das Medium der Intersubjektivität des Geistes. Deshalb wäre es ganz abwegig zu sagen, wir bildeten uns Materie bloß ein oder dächten sie uns nur aus. Sie existiert unabhängig von unserem Denken, sie muss sogar vernünftigerweise als unabhängig von unserem Denken gedacht werden, und deshalb denkt auch Gott sie so, wenn er uns als endliche Ich-Subjekte denkt, die einander in der Welt begegnen. Aber gibt es uns Menschen und die uns umgebende materielle Wirklichkeit nur, falls zugleich Gott die Welt und uns vernünftig denkt, liegt sowohl der materiellen Natur, als auch dem endlichen menschlichen Geist gemeinsam ein unendlicher vernünftiger Geist (»absoluter Geist«) zugrunde. Genau das ist die Kernthese des objektiven Idealismus.[9]

7. Gott als Schöpfer der Welt

Wir haben noch nicht über Gottes Willen gesprochen. Wir wissen bisher nur, dass Gottes Wille durch nichts, was von Gott verschieden ist, begrenzt und beschränkt ist. Freilich wis-

8 George Berkeley glaubte fälschlicherweise, einen Idealismus vertreten zu müssen, der die Nicht-Existenz bzw. den Illusionscharakter der materiellen Dinge beinhaltet.

9 Vgl. zum Beispiel Hösle (1990), S. 205–208.

sen wir jetzt schon, dass Gott die Vernunft gewissermaßen personifiziert. Gott will nur das, was vernünftig, gut und schön ist, und er will nichts, was unvernünftig ist. Er will insbesondere nichts, was logisch oder begrifflich widersprüchlich ist. Das logisch oder begrifflich Widersprüchliche denkt er noch nicht einmal. Umgekehrt legt er sich auf alles logisch oder begrifflich Wahre fest und will es auch.

Wir Menschen sind in dem, was wir wollen, beschränkt und begrenzt durch Dinge, die wir nicht sind, und das geht weit über das logisch-begrifflich Unmögliche hinaus. Wir können nur etwas ernsthaft und vernünftigerweise gutheißen und wollen, das entweder von sich aus passiert oder das wir herzustellen vermögen. Vieles aber tritt nicht ein, obwohl es logisch-begrifflich widerspruchsfrei ist und in diesem Sinne möglich wäre, oder wir vermögen es nicht zu bewirken. Gott ist bar solcher Beschränkungen. Er kann schaffen, was logisch-begrifflich widerspruchsfrei ist.

Wir sind in dem, was wir vernünftigerweise wollen können, vor allem auch deshalb beschränkt, weil wir an Materie gebunden sind. Wir entwerfen in Gedanken (im Kopf) einen Plan des herzustellenden Artefakts. Aber indem wir uns das Artefakt ausdenken, ist es noch nicht realisiert. Dazu müssen wir physisch handeln, letztlich uns physisch bewegen und dadurch und unter Anwendung der Naturgesetze und im Einklang mit ihnen bereits vorhandene Materie zielgerichtet verändern. Materie gehorcht uns nicht aufs bloße Wort. Nicht zuletzt daran merken wir, dass wir endliche Ich-Subjekte sind, dass wir mit etwas konfrontiert sind, das von uns verschieden und nicht einfach unser geistiges Produkt ist und das unsere Pläne immer wieder durchkreuzt. Diesen Widerstand der Materie gegenüber unseren geistigen Vorhaben können wir nur in den naturgesetzlich abgesteckten Grenzen und selbst dann niemals vollständig brechen.

Diese Widerständigkeit einer ihm entgegengesetzten objektiven Welt muss Gott nicht mühsam niederringen. Gott ist kein endliches Ich-Subjekt, deshalb kann er auch nicht in Materie verkörpert sein. Auch kann Gott *per definitionem* kein Sklave der Naturgesetze sein. Er muss es sein, der dem materiellen Geschehen die Naturgesetze aus vernünftigen Erwägungen heraus vorschreibt.[10] Und die Materie ist Gott gegenüber auch sonst nicht widerständig. Die physische Welt gehorcht Gott, mythisch geredet, allein auf sein vernünftiges Wort hin.[11]

Gott schafft nichts, was er nicht schaffen will. Wenn er etwas tut, dann deshalb, weil er es als vernünftig beurteilt, dass es der Fall ist. Aber Gottes Gedanke, dass es vernünftig, gut und schön wäre, wäre *X* realisiert, reicht hin, damit *X* wirklich der Fall ist. Denn Gott ist *per definitionem* in dem, was er will, nicht beschränkt durch etwas, was er nicht ist. In der Anwendung auf Gott dürfen wir daher die Begriffe »vernünftig denkend wollen, dass *X* der Fall ist« und »*X* schaffen« für einander austauschen.[12]

Natürlich, wir können uns Gottes »Denkschaffen« nicht vorstellen. Es ist freilich unerheblich, dass uns unser Vorstel-

10 Vgl. dazu Wandschneider (2000); es wäre sehr reizvoll, die Idee im Detail auszubuchstabieren, dass Naturgesetze nur angemessen verstanden werden können, nimmt man die Idee eines Gesetzgebers der Natur sehr ernst. Ernst genommen wird sie bei Kant in der transzendentalen Wende, wonach wir es sind, die der Natur die Gesetze vorschreiben. Die transzendentale Wende wäre dann noch einmal theistisch zu wenden.

11 In der mythischen biblischen Erzählung von der Weltentstehung wird das treffend genauso ausgedrückt: Gott sprach, es werde Licht, und es ward Licht; und genauso mit allen anderen Tatbeständen aus unserer Erfahrungswelt.

12 Im Einklang mit der philosophischen Tradition darf man auch sagen, dass Gott über eine »intellektuelle Anschauung« verfügt.

lungsvermögen in diesem Falle im Stich lässt. Auch die Quantenmechanik zum Beispiel behauptet über Quantenobjekte vieles, und das meiste davon können wir uns nicht vorstellen, sondern es nur mathematisch widerspruchsfrei beschreiben. Genauso ist es mit Gottes Denken und Wollen. Wir können uns widerspruchsfrei denken, dass etwas existiert und es von Gott mit vernünftigen Gründen als etwas gedacht wird, das auch der Fall sein soll. Und ebenso widerspruchsfrei können wir denken, dass etwas, von dem Gott mit guten Gründen denkend will, dass es der Fall sein soll, auch tatsächlich der Fall ist. Mehr müssen wir nicht wissen; mehr sollten wir auch nicht behaupten.

Von Anfang an problematisch wäre es freilich anzunehmen, dass alles, was in der Welt der Fall ist, von Gott auch gutgeheißen wird und gewollt ist. Das wird uns noch ausführlich beschäftigen. Von daher sollten wir jedenfalls von vornherein unterscheiden, dass Gott denkend erkennt, dass *X* der Fall ist, und dass er vernünftig denkend will, dass *X* der Fall ist. Nur im letzteren Fall reden wir von nun an terminologisch davon, dass Gott das Gewollte schafft.

Gott schafft nur das von ihm Gewollte. Aber nicht alles ist von ihm gewollt und daher geschaffen, wie wir noch sehen werden. Ist also Gott gar nicht der Schöpfer der Welt in dem Sinne, dass er alles schafft, was in der Welt der Fall ist?

Eine Unterscheidung hilft uns weiter. Wir können uns folgende Sachlage widerspruchsfrei denken: Gott weiß denkend, dass *X* der Fall ist. Er will *X* jedoch nicht. Er will aber, dass es möglich ist, dass *X* in der Welt der Fall ist, oder anders gesagt: Er will keine Welt, in der es unmöglich ist, dass *X* der Fall ist. Sind diese drei Bedingungen erfüllt, so wollen wir sagen, dass Gott *X* selber nicht direkt geschaffen hat, sondern es nur zulässt.

Mit diesen Unterscheidungen können wir die Rede von Gott

als Schöpfer der Welt präzisieren: Gott ist in dem Sinne Schöpfer der Welt, als er alles, was in der Welt der Fall ist, entweder will oder es zumindest zulässt.[13] Falls die Rede, dass etwas unabhängig von Gottes Denken existiert, heißen soll, dass etwas existieren kann, das Gott so nicht will (sondern nur zulassen will), ist eine solche Rede unproblematisch.

Alles, was wir bisher substanziell von Gott ausgesagt haben, folgt aus der Bestimmung Gottes als eines unendlichen Ich-Subjekts und ist deswegen begrifflich wahr. Für die weiteren Überlegungen werden wir etwas annehmen, was über die Definition Gottes hinausgeht, ohne ihr natürlich zu widersprechen: Gott will uns Menschen und er will uns als Ich-Subjekte. Deshalb sind wir seine Geschöpfe. Nichts zwingt Gott dazu[14], uns Menschen zu schaffen. Er hat sich frei für unsere Existenz entschieden.

Unsere zusätzliche Annahme hat zusammen mit der Definition Gottes eine Reihe wichtiger Konsequenzen. Einige lassen sich unproblematisch ziehen: Gott muss uns als endliche

13 Jetzt ist auch klar, warum es höchstens ein unendliches Ich-Subjekt geben kann. Alles, was es sonst gibt, muss ein solches unendliches Ich-Subjekt vernünftig denken und denken können. Gäbe es zwei verschiedene unendliche Ich-Subjekte, so wären beide dadurch begrenzt und bedingt, dass jedes vom anderen denkt, dass es tatsächlich existiert, und die Existenz des anderen unendlichen Ich-Subjekts auch will oder sie zumindest zulässt. Da diese Abhängigkeit von anderen Ich-Subjekten dem Begriff eines unendlichen Ich-Subjekts widerspricht, kann es höchstens ein unendliches Ich-Subjekt geben.

14 Denkend erkennt sich Gott selber. Dann denkt und weiß er auch, was er nicht ist, nämlich ein endliches Ich-Subjekt. Insofern muss Gott uns Menschen um seiner Selbsterkenntnis willen denken. Aber daraus folgt nicht, dass er uns zwingend auch wollen und daher schaffen muss.

Ich-Subjekte schaffen. Andernfalls wären wir selber Gott. Aber wir müssen auch erkennen, dass wir endliche Ich-Subjekte sind. Schließlich definiert Selbsterkenntnis ein Ich-Subjekt. Unsere Endlichkeit vermögen wir allerdings nicht durch direkte Konfrontation mit Gott zu erkennen, denn Gott ist niemals ein direktes Objekt unseres Wissens, wie wir in Kapitel 15 (S. 81) noch darlegen werden. Direkt wissen wir um unsere Endlichkeit dadurch, dass wir mit anderen Menschen als von uns verschiedenen Ich-Subjekten kommunizieren und interagieren. Dann aber muss Gott uns als Wesen schaffen, die in Materie verkörpert sind, wie das Argument in Kapitel 5 (S. 30 f.) gezeigt hat. Gleichgültig, ob er noch andere Gründe hatte, Materie zu schaffen: Gott schafft sie jedenfalls auch, um den Menschen entstehen zu lassen. Von daher impliziert die theistische Perspektive das anthropische Prinzip, nach dem das physikalische Universum von Anfang darauf angelegt ist, dass in ihm eines Tages Menschen in Erscheinung treten, für die es wesentlich ist, im Gedankenaustausch miteinander zumindest partiell das Universum intersubjektiv zu beobachten und zu erkennen.[15] Materie ist in theistischer Perspektive etwas, das zum intersubjektiv zugänglichen Ausdruck des Geistes werden soll. Materie soll erkannt, bearbeitet, umgestaltet, verschönert werden und in all diesen Tätigkeiten mit Geist erfüllt und zum immer klareren Ausdruck des Geistes werden.

Wir können uns Ziele setzen und gemäß diesen Zielen in

15 Hinter dieser Überlegung steht ein allgemeines Argumentationsschema, das auch in den nachfolgenden Überlegungen immer wieder zum Tragen kommt. Stellen wir uns vor, dass gilt: *p* ist nur dann der Fall, wenn *q* der Fall ist. Außerdem ist *q* nicht schon der Fall. Aus der weiteren Prämisse »X als vernünftiges Wesen schafft *p*« folgt dann: *X* schafft auch *q* um *p* willen. Und ein Beobachter von *p* und *q* darf dann auch sagen: *q* ist um *p* willen in der Welt der Fall.

der Welt auch handeln.[16] Das ist für Ich-Subjekte wesentlich. Dazu müssen wir wissen, dass unter den Umständen *U*, unter denen wir gerade leben und agieren, eine Handlung *h* zum Ziel *Z* führt. Und natürlich müssen wir darüber schon zu dem Zeitpunkt Bescheid wissen, zu dem wir uns das Ziel *Z* setzen und planend überlegen, wie wir es erreichen wollen und können. Daher müssen wir erkennen und uns darauf verlassen können: Unter Umständen der Art *U* bewirkt die Realisierung einer Handlung der Art *h* einen Zustand der Art Z. Solche Zusammenhänge zwischen Umständen, Handlungen und herbeigeführten Sachverhalten sind freilich nichts anderes als Gesetze, wie sie unter anderem durch Experimente erkannt und getestet werden.[17] Die Geltung solcher Gesetze müssen wir spätestens mit Beginn der Planung erkannt haben. In der Vergangenheit hatten wir jedoch nicht beliebig viel Zeit, Gesetze experimentell zu entdecken. Endlich viele Experimente müssen daher genügen, Gesetzmäßigkeiten zu erkennen.[18]

Gott muss also die Natur durch Gesetze bestimmt denken, auf die sich Menschen in ihrem planmäßigen Handeln verlassen dürfen und die sie in endlich vielen Schritten durch experimentelle Forschung auch erkennen. Schon von daher lassen Naturgesetze keine willkürlichen, unvorhersehbaren und unerklärbaren Ausnahmen zu. Mithin muss Gott eine Natur wollen, in der sich keine Wunder ereignen.

16 Natürlich setzen wir uns auch Ziele, die wir nicht verwirklichen können; aber wären wir so machtlos, dass wir auch nicht ein einziges unserer selbst gesetzten Ziele erreichen könnten, wären wir keine autonomen Ich-Subjekte. Wir müssen uns also immer wieder Zwecke setzen können, die wir auch tatsächlich zu realisieren vermögen.

17 Vgl. dazu Tetens (1986) und Tetens (2006).

18 Vgl. auch Fußnote 9, S. 37.

8. Die Freiheit des Menschen

Was wir bisher über Gott als Schöpfer der Welt gesagt haben, waren mehr oder weniger unproblematisch zu erkennende Konsequenzen unserer Definition Gottes. Doch sobald wir uns dem Menschen als partiell vernünftigem Ich-Subjekt zuwenden, werden die Dinge deutlich schwieriger und komplexer.

Wir Menschen können uns, wenn wir uns überhaupt als vernünftige Personen verstehen wollen, nicht als Automaten verstehen, deren jeweiliges Verhalten durch Anfangsbedingungen und Gesetze in allen Einzelheiten feststeht, sodass man das Verhalten vollständig im voraus kennt. Sobald jemand eine menschliche Person vollständig und prognostisch zutreffend als Automaten beschreiben und ihr Verhalten erklären könnte, könnte niemand diese Person mehr als vernünftiges, autonomes Ich-Subjekt anerkennen und ernstnehmen. Nun hat noch niemand einen Menschen auch nur annähernd vollständig als Automaten beschrieben. Das kann unterschiedliche Gründe haben. In naturalistischer Perspektive kommen nur zwei Gründe in Frage: Solche Beschreibungen liegen noch nicht vor, werden aber in Zukunft vorliegen. Oder solche Beschreibungen lassen sich nicht vorlegen, weil das bewusste absichtsvolle Handeln einer Person aus den physischen Weltzuständen stark emergiert.

Betrachten wir die Sachlage aus theistischer Perspektive. Wenn Gott uns Menschen vernünftig denkt und will, dann denkt und will er uns als im Prinzip vernunftbegabte Personen.[19] Dann kann er uns nicht gleichzeitig als Automaten den-

19 Ich unterstelle als selbstverständlich, dass in theistischer Perspektive Gott uns nur als vernunftbegabte, in der Ausübung unserer Vernunftfähigkeiten autonome und verantwortliche Personen denkt und will. Über einen Gott, der uns nach seinem Willen willkürlich

ken und wollen. Beides schließt sich logisch-begrifflich aus, und etwas Widersprüchliches denkt und will Gott nicht. Gäbe es gegenwärtig nur deshalb keine vollständige und prognostische Beschreibung von Menschen als Automaten, weil unsere wissenschaftlichen Analysen noch nicht entsprechend weit gediehen sind, so besäße Gott sie längst. Unsere gegenwärtigen, aber eines Tages überwundenen Erkenntnisschranken sind niemals Erkenntnisschranken für Gott. Sind wir also in Wahrheit nichts anderes als physische Automaten, würde und müsste auch Gott uns so denken. Dann aber könnte er uns nicht als vernünftige und autonome Personen denken.

Auch bei starker Emergenz sind für alle mentalen Eigenschaften gewisse Korrelations- bzw. Emergenzbehauptungen der Form »Die mentale Eigenschaft *M* liegt genau dann vor, wenn eine der physischen Eigenschaften P_1 bis P_n realisiert ist« wahr. Freilich lassen sie sich prinzipiell nicht aus den physischen Eigenschaften der Welt und den dafür geltenden Naturgesetzen logisch ableiten. Trotzdem: Würde jemand schließlich für jeden mentalen Zustand alle Korrelationsbehauptungen kennen, könnte er mit ihrer Hilfe aus Beschreibungen der physischen Zustände zugleich alle mentalen Zustände in der Welt herleiten und voraussagen. Auf Gott träfe das allemal zu. Selbst starke Emergenz ist in theistischer Perspektive daher zu verneinen.

Bleibt schließlich nur das Resultat, das schon unser Argument im 5. Kapitel gestützt hat: Das Mentale hat immer auch

als seine Marionetten zappeln und in unserem Leben herumhampeln lässt, müssen wir wahrlich nicht nachdenken. Das können wir ontologisch einfacher und sparsamer haben, indem wir die Ergebnisse der Hirnforschung so interpretieren, wie mancher Naturalist sie gerne interpretiert sehen möchte: als Widerlegung der Willensfreiheit des Menschen.

notwendige physische Bedingungen.[20] Gott kennt sie zwar alle, trotzdem erlauben auch sie ihm keine vollständige Erklärung und Voraussage dessen, was ein Mensch bewusst denkt und beabsichtigt.

Will der Theismus mit menschlicher Freiheit vereinbar sein, muss er behaupten, dass das Mentale nicht über dem Physischen superveniert, in welcher Form auch immer, sondern dass nur jeder mentale Zustand immer auch notwendige physische Bedingungen der Möglichkeit seiner intersubjektiven Mitteilung hat. Aus dem Theismus folgt also genau das, was – bisher jedenfalls – auch die (natur)wissenschaftliche Erforschung des Mentalen allein ans Tageslicht gefördert hat.

So weit, so gut. Gott hat kein Vorauswissen vom bewussten, absichtsvollen Handeln eines Menschen. Widerspricht das nicht Gottes Allwissenheit? Nur, wenn es ein Wissensdefizit wäre, das Verhalten einer autonomen Person nicht vorauszuwissen. Aber ein solches Wissensdefizit liegt nicht vor, denn es wäre ja material-begrifflich widersprüchlich, würde Gott uns einerseits als autonome Wesen denken, besäße jedoch andererseits ein vollständiges Vorauswissen über uns. Ein vernünftiges Ich-Subjekt, dessen Verhalten er naturgesetzlich voraussagen kann, kann Gott ebenso wenig denken und schaffen, wie er einen verheirateten Junggesellen denken und schaffen kann. Das Wissen Gottes ist mithin nicht defizitär, obwohl er unsere Handlungsentscheidungen nicht im voraus kennt.

Jetzt wird auch klar, wie wichtig die Unterscheidung zwi-

20 Die können beliebig grobschlächtig sein. Also nicht jeder beliebig fein spezifizierte mentale Zustand hat entsprechend fein spezifizierte physische Bedingungen. Es würde vielmehr durchaus reichen, dass man alle mentalen Zustände in wenige Kategorien $M_1, \ldots, M_n$ grob einteilen kann und es für jede Kategorie M_i eine notwendige physische Bedingung gibt. Das ist übrigens nicht so weit von unserer tatsächlichen Forschungssituation entfernt.

schen Schaffen und Zulassen ist. Denn, wenn Gott uns als vernünftige Person denkt und will, anerkennt er uns auch als eine solche. Man anerkennt einen Menschen aber nur dann als eine vernünftige Person, wenn man ihre Entscheidungsfreiheit grundsätzlich will und respektiert. Man will dann, dass die Person sich für oder gegen bestimmte Handlungsoptionen entscheiden kann. Natürlich muss man die Entscheidung, die eine Person tatsächlich fällt, trotzdem nicht inhaltlich gutheißen. Damit aber sind alle drei Bedingungen erfüllt, die erfüllt sein müssen, falls Gott etwas nicht will, sondern es lediglich zulässt: Gott will, dass es uns möglich ist, uns für oder gegen Handlungsoptionen zu entscheiden und entsprechend zu handeln; aber wo wir uns falsch entscheiden, lässt Gott das nur zu, will es jedoch nicht. Eine Welt hingegen, die Gott so eingerichtet hätte, dass wir uns immer nur für das Gute entscheiden und niemals gegen das Gute handeln können, wäre eine Welt, in der wir nur moralisch fehlerfreie Automaten wären.

Allerdings tut sich eine neue Schwierigkeit auf. *Per definitionem* können weder die Materie noch die Menschen Gott beschränken und begrenzen. Aber büßt Gott nicht seine Souveränität ein, wenn er durch Menschen Hervorgebrachtes zulassen muss, obwohl er es ablehnt? Zwar bindet sich Gott freiwillig an die Handlungsentscheidungen der Menschen, trotzdem käme es einer Selbstaufgabe Gottes gleich[21], könnten Menschen Gott eine Situation aufzwingen, in der es ihm nicht mehr möglich wäre, immer noch das zu schaffen, was er schaffen will, nämlich am Ende eine Welt, die vernünftig, gut und schön ist. Wie also behält Gott das Heft in der Hand?

In zwei Hinsichten sind Gott die Hände nicht gebunden.

21 Natürlich ist es begrifflich unmöglich, dass Gott sich selbst aufgibt. Ein durch und durch vernünftiges Subjekt kann nicht wollen, dass es nicht das sei, was es ist: ein durch und durch vernünftiges Subjekt.

Erstens kann er jederzeit die bereits etablierten Naturgesetze um passende Emergenz- bzw. Supervenienzgesetze ergänzen, die logisch-begrifflich nicht aus den bisher geltenden Naturgesetzen folgen, die sie deshalb aber auch nicht außer Geltung setzen. Insofern hat Gott einen Handlungsspielraum, aus einem einmal erreichten Weltzustand, selbst dann, wenn Gott ihn so nicht will, höchst unterschiedliche zukünftige Weltzustände stark emergent hervorgehen zu lassen.[22] Der sich logisch eröffnende Handlungsspielraum Gottes, seine Schöpfung mit Hilfe von stark emergenten Entwicklungen fortzusetzen, ist so enorm, dass wir ihn auch nicht annähernd zu überblicken vermögen.

Zweitens erzwingen die etablierten Naturgesetze ja ganz offenkundig, dass jeder Mensch irgendwann stirbt. Der Tod setzt den Interventionen eines Menschen in die Schöpfungsabsichten Gottes erst einmal ein Ende. Er ist eine Zäsur für ei-

22 Es dürfte aufschlussreich sein, sich klarzumachen, wie es sich für uns Menschen darstellt, wenn Gott in einem Weltzustand *W* neuartige Emergenz- oder Supervenienzgesetze in Kraft treten lässt. Nachdem der Weltzustand *W* eingetreten ist, beobachten Menschen bestimmte neuartige Phänomene *P*. Die waren ihnen bisher noch nicht begegnet. Sie bemühen sich um eine naturgesetzliche Erklärung. Es gelingt ihnen jedoch nicht, *P* aus den ihnen bis dahin bekannten Naturgesetzen und entsprechenden Rand- und Anfangsbedingungen abzuleiten. Wohl aber gelingt es ihnen schließlich, für *P* ein Naturgesetz zu formulieren, das erstens aus den bisherigen Naturgesetzen nicht gefolgert werden kann, für das zweitens Phänomene der Art *P* die ersten bekannt gewordenen Anwendungsfälle sind, das drittens die Menschen deshalb auch nie gesucht und erforscht hätten, wären ihnen nicht Phänomene der Art *P* bekannt geworden, und das viertens sich im weiteren Verlauf empirisch bewährt, auch in bezug auf andere Phänomene als die ursprünglichen Phänomene *P*.

nen Menschen, Gottes Schöpfung fortgesetzt zu verderben. Im Kap. 12 werden wir erörtern, dass der Tod in theistischer Perspektive ein Doppelgesicht hat. Er beendet nicht nur das böse Treiben der Menschen, er ist auch eine Zäsur im Sinne einer Chance zu einem Neuanfang.

Zurück zu unserer Frage nach der Souveränität Gottes. Wir haben bisher eine Reihe von Aussagen über Gott begründet. Gottes Souveränität kann außer durch Gebote des Vernünftigen durch nichts und niemanden begrenzt werden. Gott will jedoch den Menschen als ein zur Vernunft fähiges autonomes Wesen und will zugleich, dass seine Schöpfung am Ende gut wird. Insofern macht er den Verlauf des Schöpfungsprozesses auch abhängig und muss ihn abhängig machen vom autonomen Handeln der Menschen, das er nicht voraussehen kann. Schließlich bewirkt Gott keine Wunder. Angesichts dieser Rahmenbedingungen wahrt Gott seine Souveränität nur dann, wenn er die Chance offenhalten kann, dass seine Schöpfung am Ende gut wird, obwohl er das unvorhersehbare Handeln des Menschen einbezieht und seine Festlegung auf einmal etablierte Naturgesetze nicht nachträglich revidiert. Gott besitzt im Einklang mit allem, was wir eben über ihn festgestellt haben, nur zwei Handlungsmöglichkeiten: Er gebietet naturgesetzlich über den Tod als Zäsur und Chance und er kann die physische Welt als notwendige Bedingung der Möglichkeit intersubjektiver Begegnung zwischen Menschen mit Hilfe starker Emergenz auf immer neue Weise fortschreiben. Deshalb folgt insgesamt[23], dass die beiden genannten Handlungsoptio-

23 Aus den Prämissen: 1. »Gott kann seine Souveränität gegenüber dem Handeln der Menschen wahren und seine Schöpfung immer noch gut werden lassen.« 2. »Gott kann sich seine gegenüber dem Handeln des Menschen nur durch die naturgesetzliche Verankerung des Sterbens von Menschen und durch Etablierung starker Emergenz wahren.« folgt die Konklusion: »Indem Gott natur-

nen Gott genügen, um seine Schöpfung trotz allem am Ende gut werden zu lassen.

Wir dürfen aber noch etwas anderes unterstellen: Der Mensch spielt keine marginale Rolle in Gottes Schöpfung. Vielmehr gefährdet er durch sein Handeln immer wieder Gottes Schöpfung. Gott muss und wird darauf antworten. Und aus dem oben Gesagten ergibt sich, dass Gott auf die Gefährdungen seiner Schöpfung durch den Menschen unter anderem antwortet, indem er die physische Welt, also die Bedingungen der Möglichkeit intersubjektiver Begegnung zwischen den Menschen, mit Hilfe von Phänomenen starker Emergenz fortschreibt, ohne den Menschen jemals dabei in einen Automaten dieser physischen Bedingungen zu verwandeln. Daher ist in theistischer Perspektive mit einer Natur- und Kulturentwicklung zu rechnen, in der immer wieder neuartige Phänomene aus dem bisher Erreichten stark emergieren, also genau das, was wir tatsächlich in der Natur und vor allem in der Beziehung der kulturellen Welt zur Natur beobachten. Man darf daher auch behaupten, dass der Theismus erklären kann, warum in der Welt so viele Phänomene starker Emergenz anzutreffen sind.

Das lässt sich noch anders formulieren: Gott tritt in eine wirkliche Geschichte mit den Menschen ein. Der Ausgang dieser Geschichte liegt jetzt keineswegs schon fest. Vielmehr interagiert Gott in dieser Geschichte mit den Menschen durch starke Emergenz (schwache Supervenienz). In theistischer Lesart tragen emergente Phänomene die Handschrift eines Natur-

gesetzlich über den Tod gebietet und immer neue Formen starker Emergenz etabliert, kann er die Chance stets offenhalten, dass seine Schöpfung gut wird.« Natürlich könnte sich dieser Satz als falsch herausstellen, dann ist eine der Prämissen falsch. Allerdings ist die Konklusion auch nicht durch unabhängige Überlegungen bisher widerlegt. Aber in unserem Kontext kommt es allein darauf an, dass aus den beiden Prämissen die Konklusion gültig folgt.

gesetzgebers, der auf den Menschen antwortet. Für Gott ist die Schöpfung nicht abgeschlossen und vollendet. Durch eine Naturgesetzgebung starker Emergenz hält er das physische Universum als Bedingung und Ort gelingender Intersubjektivität des Geistes radikal offen.

Der Gott, der hier gedacht wird, mag ein philosophischer Gott sein, aber er ist mit Sicherheit kein deistischer Gott, der mit einer ursprünglichen Schöpfung alle Arbeit ein für alle Mal getan hat und die Welt und die Menschen ihrem von Gott vorhergesehenen Schicksal überlässt. Ein Gott, der über starke Emergenz mit den Menschen interagiert, ist kein Gott, der einen Heilsautomatismus abspulen lässt; er ist ein Gott schöpferischer Zukunft. Gerade der hier entwickelte Theismus kann die Zukunft der Welt nicht zuletzt wegen des Handelns der Menschen als radikal offen denken, so radikal offen, wie der Naturalist die Zukunft der Welt niemals denken kann.

9. Eine kosmologische Argumentation

Es gibt Gott als unendliches vernünftiges Ich-Subjekt; und Gott schafft insbesondere uns Menschen als vernunftfähige endliche Ich-Subjekte. Nennen wir das im folgenden die Kernthese des theistischen Idealismus. Sie beschreibt bisher nicht mehr als eine logisch-begrifflich widerspruchsfreie Möglichkeit. Das ist wenig. Vieles ist logisch-begrifflich widerspruchsfrei, ansonsten aber so absurd, dass wir beim besten Willen niemals ernsthaft mit ihm rechnen. Fällt auch unser Satz über Gott unter ein solches Verdikt?

Wir sollten nicht abstrakt über die Stärke oder Schwäche von Möglichkeiten nachdenken. Stattdessen vergleichen wir lieber die Möglichkeit des Theismus mit einer anderen Möglichkeit, die allgemein und zu Recht ernst genommen wird.

Wir sprechen hier natürlich vom Naturalismus: Die eigentliche und einzige Wirklichkeit ist die Welt materieller Dinge und Ereignisse, wie sie im wesentlichen zutreffend durch die Erfahrungswissenschaften, besonders die Naturwissenschaften beschrieben und erklärt werden; wir Menschen sind auch und gerade als geistige Subjekte nichts anderes als ein Stück kompliziert organisierter Materie. Schneidet im Vergleich mit dem Naturalismus der Theismus schlechter ab?

Eine Möglichkeit ist umso stärker, mit je mehr wahren oder plausiblen Rahmenannahmen sie logisch-begrifflich verträglich ist. Die Rahmenannahmen, auf die sich die Naturalisten vor allem berufen können, sind die Ergebnisse der Wissenschaften, die Ablehnung von Wundern, die Standards vernünftiger Argumentation. Wohlgemerkt, die zentrale naturalistische These folgt nicht aus diesen Rahmenannahmen, sie ist nur mit ihnen klarerweise verträglich. Denselben Vorteil – und es ist ein Vorteil – darf allerdings auch der Theist auf seiner Habenseite verbuchen. Wenn die Vereinbarkeit mit den genannten Rahmenannahmen die zentrale These des Naturalismus als Möglichkeit stark macht, dann macht dies auch die theistische Zentralthese stark, und zwar im gleichen Maße. Wer mit Blick auf die genannten Rahmenannahmen den Naturalismus für eine starke und ernstzunehmende Möglichkeit ansieht, hat soweit erst einmal keinen Grund, den Theismus grundsätzlich anders zu beurteilen, so unser Argument:

1. *Prämisse:* Die naturalistische und die theistische Kernthese – die jeweils für sich logisch-begrifflich widerspruchsfrei sind – sind beide mit den Ergebnissen der Wissenschaften, der These, dass es in der Natur keine Wunder gibt, und mit den üblichen Standards vernünftigen Argumentierens logisch-begrifflich verträglich.
2. *Prämisse:* Sind zwei jeweils für sich logisch-begrifflich wi-

derspruchsfreie Thesen beide auch logisch-begrifflich verträglich mit denselben Annahmen, so beinhalten die beiden Thesen relativ zu den Annahmen gleich starke Möglichkeiten.

---

3. _Konklusion:_ Also ist die theistische Kernthese relativ zu den in Prämisse 1 genannten Annahmen gleich stark wie die naturalistische Kernthese.

Die beiden Kernthesen des Naturalismus und Theismus lassen sich noch unter einem anderen Aspekt miteinander vergleichen. Seinem eigenen Anspruch nach will der Naturalismus uns eigentlich verstehen lassen, warum in einer rein materiellen Welt schließlich erlebnisfähige selbstreflexive Ich-Subjekte auftauchen. Überzeugend ist ihm das bis heute nicht gelungen. Bei Licht besehen belegen die Wissenschaften noch nicht einmal seine These von der starken Emergenz des Mentalen aus dem Physischen, mithin noch nicht einmal die schwächste These, die der Naturalist zum Leib-Seele-Problem gerade noch vertreten kann, bevor die eigene Position endgültig in den Dualismus oder gar in den Idealismus umkippt.

Ganz anders bei der theistischen Kernthese: Aus ihr folgt, warum wir Menschen als erlebnisfähige, selbstreflexive Ich-Subjekte in der materiellen Welt heimisch werden müssen; warum wir materiell verkörperte Ich-Subjekte sind; warum zur Erfahrungswelt immer auch Phänomene starker Emergenz gehören; warum aber das Mentale noch nicht einmal stark aus dem Physischen emergiert, sondern lediglich notwendige physische Bedingungen hat; warum die Welt prinzipiell durch vernünftige Wesen erkennbar ist. Alle diese Folgerungen aus der theistischen Kernthese stehen bestens im Einklang mit den Ergebnissen empirischer Forschung. Die theistische Kernthese kann somit empirische Befunde erklären, während der Naturalismus bei ihnen explanatorisch versagt.

1. *Prämisse:* Aus der theistischen Kernthese folgen Antworten zur Frage nach dem Verhältnis des Geistigen zum Materiellen, die den tatsächlich erzielten empirischen Resultaten der Wissenschaften entsprechen.
2. *Prämisse:* Aus der naturalistischen Kernthese sollten eigentlich genauso Antworten nach dem Verhältnis des Geistigen zum Materiellen folgen, die den tatsächlich erzielten empirischen Resultaten der Wissenschaften entsprechen, was aber nicht der Fall ist.
3. *Prämisse:* Folgen aus einer These *X* auf eine relevante Frage *F* Antworten, die den erzielten empirischen Resultaten der Wissenschaften entsprechen, während das für These *Y* nicht der Fall ist, so stellt *X* relativ zur Frage *F* und den empirischen Resultaten der Wissenschaften eine stärkere Möglichkeit dar als *Y*.

---

4. *Konklusion:* Die theistische Kernthese stellt mit Blick auf das Verhältnis des Geistigen zum Materiellen und angesichts der faktischen empirischen Resultate der Wissenschaften eine stärkere Möglichkeit dar als die naturalistische Kernthese.

Wir beziehen uns im folgenden unter dem Titel »die kosmologische[24] Argumentation« auf die beiden in diesem Kapitel entwickelten Argumente.

24 Wichtig ist es, zu beachten, dass nicht der Satz bewiesen wird: »Gott existiert als unendliches vernünftiges Ich-Subjekt, der insbesondere Menschen als vernunftfähige endliche Ich-Subjekte schafft.« Stattdessen wird der Inhalt dieses Satzes nur als eine Möglichkeit im Vergleich mit einer anderen Möglichkeit, nämlich dem Inhalt der naturalistischen Zentralthese, stark gemacht. In diesem Sinne ist die kosmologische Argumentation induktiv.

III. Erlösung und Theodizee

10. Die existenzielle Botschaft des Naturalismus

Unsere bisherigen Überlegungen zum Theismus mögen auf die Leser wie eine bloße »Logelei« wirken. Am Ende scheint er trotz des Anti-Deismus doch nur ein typischer Gott der Philosophen zu sein, über den wir bisher nachgedacht haben. Nur wenige werden geneigt sein, ernsthaft in ihrem Leben auf einen solchen Gott zu hoffen. Das erscheint doch eher abwegig, zumal nicht klar ist, was es genau heißen soll.

Nun wirft der Naturalismus nicht nur Probleme auf, die lediglich Menschen mit mehr oder weniger abgehobenen theoretischen Interessen beschäftigen. Nimmt man die Auskünfte der Wissenschaften über das physikalische Universum und die Stellung des Menschen in ihm alles in allem ernst, kann man dem folgenden Fazit nicht ausweichen: Der Mensch ist sowohl als Individuum als auch als Gattung eine zufällige, randständige und temporäre Episode in einem sinnleeren, unermesslichen, weitläufigen und fast überall extrem lebensfeindlichen Universum. Das Glück und die Moralität der Menschen sind diesem Universum vollständig gleichgültig. Der amerikanische Physiker Steven Weinberg (*1933) bilanziert existenziell die Ergebnisse der Wissenschaften mit den Worten:

> »Je begreiflicher uns das Universum wird, umso sinnloser erscheint es auch. Doch wenn die Früchte unserer Forschung uns keinen Trost spenden, finden wir zumindest eine gewisse Ermutigung in der Forschung selbst. […] Das Bestreben, das Universum zu verstehen, hebt das menschliche Leben ein wenig über eine Farce hinaus und verleiht ihm einen Hauch von tragischer Würde.«[1]

1 Weinberg (1977), S. 212 f.

Etwas anderes erschreckt uns noch wesentlich stärker. Eines von ungezählten Beispielen:

»Was der ehemalige Kommandant des Straflagers mit der Nummer 22, der jetzt in Südkorea für die dortige Regierung arbeitet, zu sagen hat, sagt er ohne mit der Wimper zu zucken. Er hat selbst viele Menschen umgebracht, regulär exekutiert. Dabei empfand er kein Mitleid. Jahrelang hat er viele Menschen gefoltert. Das hat ihm Spaß gemacht. [...] Als Kommandant des Lagers 22 konnte er beobachten, wie an Gefangenen chemische Waffen erprobt wurden. Oft wurden ganze Familien dem Giftgas ausgesetzt, an dem sie qualvoll zugrunde gingen, nicht ohne dass die Eltern häufig versuchten, ihren erstickenden Kindern zu helfen, indem sie sie beatmeten, was völlig sinnlos war. Die Menschen starben in Räumen, die von oben durch eine Glasscheibe eingesehen werden konnten: dort saßen Ärzte und Gefängnispersonal. Während sich die Familien, die dem Gas ausgesetzt wurden, meistens in der Mitte des Raumes zusammendrängten, postierten sich allein stehende Personen an den Wänden. Das war so. Niemand unter den Beobachtern hinter der Glasscheibe hatte Mitleid mit den Sterbenden. Ihre Qualen erweckten nichts, Interesse zwar, doch keine Gefühle. [...] Im amerikanischen Exil berichtet eine ehemalige Nordkoreanerin, die das Straflager überlebte und der es irgendwann zu fliehen gelang, von Frauen, die schwanger ins Lager eingeliefert wurden. Gleich nachdem sie entbunden hatten, wurden ihre Babys von den Gefängnisaufsehern zertreten. Die Neugeborenen schrien, während ihr Genick unter den Stiefeln brach, die Mütter, vor deren Augen das geschah, verfielen dem Wahnsinn.«[2]

2 Ich zitiere hier Strasser (2006), S. 11 f., der ein religionsphilosophisches

Unfassbar. Und doch können Historiker aus allen Epochen der Menschheitsgeschichte massenhaft von ähnlichen Vorkommnissen berichten. Menschen, konfrontiert mit solch entsetzlichen Berichten, reagieren darauf höchst unterschiedlich. Sehr viele lassen es sich durchaus einige Anstrengungen kosten, das Berichtete zu verdrängen. Ein Stück weit mag das verständlich sein. Wirklich nur gelegentlich kann sich jemand solchen Berichten aussetzen, geschweige denn selber als Augenzeuge den berichteten Ereignissen beiwohnen, ohne Schaden zu nehmen. Trotzdem wissen wir im Grunde nur allzu gut, dass wir uns nur dann als vernünftige und moralische Personen verstehen dürfen, wenn wir die Augen nicht verschließen vor den Übeln und Leiden und auch nicht davor, dass jeder von uns auf die eine oder andere Weise in sie als Täter und Opfer verstrickt ist.

Sollte der Naturalismus wahr sein, sollte also die Erfahrungswelt, wie sie von den Wissenschaften beschrieben wird, schon die ganze Wirklichkeit sein, dann lassen sich keinerlei Abstriche an der – wie Weinberg unumwunden einräumt – trostlosen Diagnose über die existenzielle Lage des Menschen im physikalischen Universum machen. Dann ist das zu Tode zertrampelte Neugeborene im Straflager 22 einfach tot und es hatte und bekommt niemals mehr die Chance, etwas vom Schönen und Guten und Wahren, das es nach Platon zu erkennen und zu erleben gilt, selbst zu erkennen und zu erleben; und die Mutter ist und bleibt für immer wahnsinnig und in ihrem Denken, Fühlen und Wahrnehmen fixiert auf das radikal Böse, das ihr im Leben widerfahren ist und das ihr niemals hätte angetan werden dürfen, gewissermaßen geistig blind gemacht für das Gute, das Schöne, das Wahre; und die Täter, die

Buch mit der Darstellung einer Fernsehdokumentation über Straflager in Nordkorea beginnt.

das Leben des Kindes mit Stiefeltritten ausgelöscht und der Mutter das Auge des Geistes für das Gute, Schöne und Wahre ausgestochen haben, sie werden wahrscheinlich niemals zur Rechenschaft gezogen und müssen sich vor niemandem verantworten. Alle, das Baby, die Mutter, die Gefängnisaufseher sind für immer verloren, und alles an diesem unfassbaren Verbrechen ist eines Tages spurlos vergessen, so als ob es niemals geschehen wäre, so als ob alles letzten Endes gleichgültig wäre, wie eben unterschiedslos alles – dürfen wir den Auskünften der Wissenschaften glauben – in der materiellen Erfahrungswelt eines Tages endet und unweigerlich schließlich dem großen gleichgültigen Vergessen anheimfällt.

Wer sich nicht massiv selbst betrügt, weiß um die Übel und Leiden in der Welt und auch darum, dass jeder von uns in sie als Täter und Opfer unentrinnbar verstrickt ist. In vielen Fällen, so scheint es, sind Opfer und Täter der Leiden und der Übel endgültig verloren und verloren zu geben, und jedes Mal steht dabei die moralische Weltordnung auf dem Kopf.[3] Auch der religiös vollkommen Unmusikalische vermag zu erkennen, wie sehr die Erfahrungswelt eigentlich erlösungsbedürftig ist und wie sehr jeder von uns immer wieder der Vergebung und

3 Die Wendung »niemanden endgültig verloren geben« findet sich bei Walter Benjamin (1992), S. 142, eine wunderbare Wendung für den Gedanken der Erlösung. Benjamin, obwohl kein Theist und kein gläubiger Jude, hat sich in Thesen unter dem Titel »Über den Begriff der Geschichte« auch mit der Idee der Erlösung und der eschatologischen Erlösungshoffnung auseinandergesetzt. In der dritten These spricht er davon, dass ein Chronist »der Wahrheit Rechnung« zu tragen habe, »dass nichts, was sich jemals ereignet hat, für die Geschichte verloren zu geben ist«. Diese Formulierung, bei Benjamin zwar zugegebenermaßen auf die Geschichte bezogen (was immer das genau heißen mag), passt wunderbar auf die Vorstellung der Christen von ihrem Gott.

des Trostes bedarf. Aber dass wir Menschen uns selbst erlösen, das liegt ganz und gar außerhalb unserer Möglichkeiten.

Unterm Strich bleibt die existenzielle Botschaft des Naturalismus düster und trostlos. Doch lässt sich auf die Erlösungsbedürftigkeit der Welt und des Menschen auch anders antworten. Alle Hochreligionen[4] dieser Erde sind um eine Botschaft zentriert: Die Übel und Leiden in der Welt sind nicht das letzte Wort in der Sache. So verheißt etwa der Gott des christlichen Glaubens[5] allen Menschen und der ganzen Welt das Ende der Übel und Leiden, und es ist diese Heilszusage, auf die der Christ in seinem Leben hofft und vertraut.

Erst jetzt, erst innerhalb der Erlösungsproblematik gewinnt die Frage Sinn, wie vernünftig es ist, in seinem Leben auf Gott zu hoffen und zu vertrauen. Offenkundig hat sich die Frage damit in eine präzisere Frage verwandelt: Wie vernünftig ist es, in seinem Leben auf eine Erlösung von den Übeln und Leiden in der Welt durch Gott zu hoffen? Sie zieht eine weitere Frage nach sich: Ist Gott, so wie er oben definiert wurde, als ein Erlösergott denkbar? Erörtern wir zunächst diese Frage.

11. Gott als Erlöser der Welt

Erlösung bedeutet, dass die Übel und Leiden in der Welt endgültig überwunden werden. Wir Menschen können uns nicht erlösen. Auch sonst treffen wir auf nichts in der empirischen

4 Ich folge hier John Hick, der als wesentliche Kernbotschaft aller Hochreligionen das Versprechen einer endgültigen Erlösung von den Übeln und Leiden dieser Welt herausstellt; vgl. Hick (1996), insbesondere das zweite Kap. »Der soteriologische Charakter der nachaxialen Religionen«, S. 34–48, und das dritte Kap. »Erlösung/Befreiung als Transformation des Menschen«, S. 49–69.

5 Und an ihm werden wir uns im folgenden vor allem orientieren.

Erfahrungswelt, das uns erlösen könnte. Wer daher an Erlösung glaubt, muss konsequenterweise an eine transempirische Macht glauben, die die Übel und Leiden in der Welt überwindet. Die monotheistischen Offenbarungsreligionen identifizieren diese Macht mit Gott. Der Gott der Offenbarungsreligionen ist ein Erlösergott.

Kann Gott, so wie wir ihn oben definiert haben, ein Erlösergott sein? Die Frage klingt harmlos. Sie ist es aber nicht. In Wahrheit stürzt sie uns direkt in das Theodizee-Problem. Muss nicht alles, was Gott direkt schafft oder zulässt, letzten Endes vernünftig, gut und schön sein? Will Gott nicht, dass seine Schöpfung gut, dass sie perfekt ist? Und er kann doch ins Werk setzen, was er will. Warum aber dann dieses Ausmaß an Übeln und Leiden in der Welt? Führen sie nicht das Dasein Gottes, so wie wir ihn definiert haben, offenkundig *ad absurdum*? Das ist der in immer neuen Varianten erhobene Grundeinwand, der das Theodizee-Problem niemals zum Schweigen bringt.

Es wird viel zu wenig beachtet, dass die Rolle des Erlösers, die die Offenbarungsreligionen Gott zuschreiben, das Theodizee-Problem verschärft. Denn man muss Gott zutrauen, dass er sein Heilsversprechen einlösen kann und wird. Aber, wenn es ihm in der Zukunft gelingt, alle Übel und alles Leiden in der Welt zu beseitigen: Warum war ihm das nicht von Anfang an möglich, und warum lässt er sich so viel Zeit damit?

Doch damit nicht genug. Wann wäre das Theodizee-Problem zureichend gelöst? Gelöst wäre es durch den Nachweis, dass Gott die Übel und Leiden deshalb zulassen muss, weil eine Welt ohne sie schlechter wäre. Die Übel und Leiden werden also zu notwendigen Mitteln für das höhere Ziel, »die beste aller möglichen Welten« (Leibniz) Wirklichkeit werden zu lassen. Es ist jedoch von vornherein mehr als problematisch, die Dinge so zu betrachten. Sind Übel und Leiden, die um eines höheren Gutes willen in Kauf zu nehmen sind, überhaupt noch Übel im eigentlichen Sinne? Und wäre es nicht merkwürdig, könnten wir – in Gestalt einer vermeintlich positiven Lösung des Theodizee-Problems – schlüssig beweisen, dass die Übel für einen unstrittig guten Zweck notwendig sind? Was sollte uns nach einem solchen Beweis noch veranlassen und motivieren, selber gegen die Übel und Leiden anzukämpfen?

Schlimmer noch: Wir Menschen können nicht mit Sicherheit voraussagen, wie wir und andere Menschen in Zukunft handeln werden. Verfügten wir über einen Beweis für die Notwendigkeit der Übel und Leiden, so dürften in diesen vermeintlichen Beweis keine Annahmen darüber einfließen, was wir Menschen in Zukunft noch alles tun werden, denn mit einer solchen Annahme, deren Wahrheit, wie gesagt, gegenwärtig gar nicht feststeht, wäre das vermeintliche Theodizee-Argument nicht schlüssig.[6]

Damit erscheint es aber so, als ob Gott die Leiden und Übel in der Welt zunächst zulassen muss, um sie eines Tages doch restlos aus der Welt verbannen zu können, und zwar gleichgültig, was wir Menschen tun werden. Geraten hier Schöpfung und Erlösung nicht zu einem Spiel, das Gott mit uns als seinen Marionetten inszeniert und aufführt? Vermögen wir – dahin drängen uns alle unsere Fragen – eine Lösung der Theodizee-Frage wenigstens kohärent zu denken? Danach sieht es nicht aus. Endgültig scheint die Idee Gottes als eines reinen Vernunftwesens und zugleich Erlösers in einer Aporie zu enden.

Wir haben schon ausführlich erörtert, dass Gott uns Menschen zwar als endliche, gleichwohl jedoch auch als prinzipiell

6 Die hier vorgetragenen Überlegungen zu der Frage, ob es überhaupt eine Lösung des Theodizee-Problems geben kann, sind inhaltlich angestoßen und vorgeprägt durch Überlegungen bei Christian Illies (2000).

vernunftbegabte und partiell auch faktisch vernünftige Ich-Subjekte denkt. Er denkt uns insbesondere als selbstverantwortliche Wesen, deren Handlungsentscheidungen er nicht bewirken, vorwegnehmen und vorauswissen kann. Deshalb muss uns Gott als Ich-Subjekte denken, die die Möglichkeit besitzen, sich auch gegen das Gute und für das Böse zu entscheiden. Er kann nicht, gewissermaßen hinter unserem Rücken, die Welt so einrichten, dass wir uns immer für das Gute entscheiden. Denn wie sollte Gott das garantieren? Doch nur, indem die Welt so beschaffen ist, dass wir Böses einfach nicht zustande bringen. Die Naturgesetze müssten eine solche Unmöglichkeit absichern. Dann jedoch würde Gott uns in Wahrheit nicht als freie Ich-Subjekte, sondern als fehlerfreie Automaten schaffen, deren moralisch einwandfreies Handeln er außerdem sogar voraussehen könnte. Gott muss uns mithin als Wesen mit einer echten Möglichkeit zum Bösen schaffen. Und da wir Menschen, wie wir auch gesehen haben, uns in unserem Handeln auf die Naturgesetze stützen müssen, dürfen die Naturgesetze physisches Leid ausdrücklich nicht ausschließen. Denn, wer etwas moralisch Verwerfliches tut, der muss im Prinzip wissen und voraussehen können, dass sein Fehlverhalten naturgesetzlich zwingend physisches Leid auf der Seite der Opfer seiner Tat hervorruft.

Gott kann mithin nur eine Welt schaffen, in der wir Menschen die naturgesetzlich verankerte Möglichkeit haben, Böses zu tun und damit physisches Leid hervorzubringen. Leider reden wir hier nicht von einer bloßen Möglichkeit. Es handelt sich um eine Versuchung, der jeder Mensch früher oder später auch erliegt.[7] Deshalb ist die Welt voller Übel und Leiden, und

7 Leider ist hier nicht der Raum, um auf die Frage einzugehen, warum alle Menschen der Versuchung zum Bösen immer wieder erliegen. An sich ist das eine wichtige Frage für die rationale Theologie. Eine

jeder Mensch ist dabei Täter und Opfer. Gott muss von Anfang an damit rechnen, dass der Mensch der Versuchung zum Bösen erliegen könnte. Aber so, wie wir ihn definiert haben, konnte und wollte er es nicht verhindern.

Wird hier nicht ein machtloser Gott geschildert, ein Gott, der Gefangener menschlicher Bösartigkeit ist? Und, wenn er die Verderbtheit der Menschen schon nicht verhindern konnte, wie könnte er sie in Zukunft anders verhindern als durch Aufhebung der Naturgesetze, die das alles – paradox formuliert – mit Notwendigkeit ermöglichen?

Was heißt es für uns Menschen, geschehenes Unrecht so zu überwinden, dass es die Würde, die Freiheit, die Vernunft von Tätern und Opfern wahrt? Darauf kann es nur eine Antwort geben: Der Täter muss seine Tat als moralisch falsch erkennen, er muss sie von Herzen bereuen, er muss das Opfer als Opfer anerkennen und um Verzeihung bitten, und das Opfer muss ihm aus freien Stücken vergeben, also ernsthaft bereit sein, mit dem Täter in Zukunft wieder in einer Gemeinschaft zusammen mit anderen zu leben, und das in der ernsthaften Hoffnung, dass sich das Geschehene oder Vergleichbares in Zukunft nicht wiederholt. Erkenntnis der Schuld, Reue, das Bitten um Verzeihung und das Verzeihen, anders können Menschen geschehenes Unrecht nicht in Würde und Freiheit vernünftig bewältigen und überwinden. Antworten Täter, Opfer und die Gemeinschaft der übrigen Menschen, die ja vom Unrecht nie gänzlich unbetroffen ist, auf ge-

Antwort auf sie läuft auf so etwas wie eine vernünftig begründete Sündenlehre hinaus. Die Antwort, für die ich mich starkmachen würde, sei hier angedeutet: Wir Menschen als endliche Ich-Subjekte haben aufgrund unserer solipsistisch-berkeleyschen Struktur (vgl. dazu Fußnote 4, S. 33) eine Tendenz zur Selbstsucht und Selbstbezogenheit, die wir nur schwer als falsch und als tiefe Illusion zu durchschauen, geschweige denn zu überwinden vermögen.

schehenes Unrecht in der beschriebenen Weise, geben sie sich wechselseitig nicht als vernünftige autonome Personen verloren.

Inwiefern bedarf es dazu der Mitwirkung Gottes? Nun, in naturalistischer Perspektive müssen sehr viele moralische Übel ungesühnt und Täter und Opfer unversöhnt bleiben, und zwar endgültig, weil Täter oder Opfer bereits gestorben sind und der Tod naturalistisch als endgültiges Ende einer Person zu gelten hat. Es ist Gott und kann nur Gott sein, der diese Chance zur Versöhnung zwischen den Menschen über den Tod hinaus offenhält. Gott gibt nichts und niemanden selbst über den Tod hinaus verloren. Das definiert ihn als Erlösergott. In den Worten Whiteheads ausgedrückt ist Gott als Erlöser der Gott »einer zärtlichen Fürsorge dafür, dass nichts verlorengeht«[8]. Wie Gott den Tod überwindet, wird uns gleich beschäftigen.

Das ursprüngliche Theodizee-Problem hat sich damit bereits ein wenig verschoben. Es ist klar, dass und warum Gott die moralischen Übel zulassen muss[9]; die physischen Übel werden uns erst im übernächsten Kapitel beschäftigen. Ebenso klar ist, dass Gott die Übel nicht will. Sie sind daher auch kein Mittel für einen höheren Zweck. Die moralischen Übel sind niemals zu rechtfertigen, und Gottes Rolle als Erlöser schließt eine solche Rechtfertigung auch nicht ein. Es sind die Menschen, die der Versuchung zum Bösen nachgeben. In dieser Hinsicht ist Gottes Schöpfung nicht gut, schon gar nicht ist sie bis jetzt die beste aller möglichen Welten. Das hat nicht Gott zu verantworten, sondern der Mensch. Gleichwohl sind Gott nicht die Hände gebunden. Er bewahrt seine Souveränität ge-

8 Whitehead (1979), S. 618.

9 Und zwar genau im Sinne der oben präzisierten Unterscheidung, dass Gott etwas direkt schafft oder es nur zulässt.

genüber dem Menschen, indem er als Herr über Leben und Tod die Chance offenhält, dass die Schöpfung, obwohl jetzt nicht gut, doch noch gut wird. Gott gewährt den Menschen die unüberbietbare, weil selbst vor dem Tod nicht haltmachende Chance, die moralischen Übel in der einzigen Weise zu überwinden, in der sie überwunden werden können, nämlich indem die Menschen sich miteinander versöhnen.

12. Rationale Eschatologie

Der Tod ist das endgültige Ende einer individuellen Person. Auf ihn folgt nur noch das große Vergessen.[10] So sieht es der Naturalismus, so muss er es sehen. Diese Deutung des Todes macht jede Hoffnung an eine Erlösung durch Gott zunichte.[11] Von unseren Überlegungen aus dem II. Teil bliebe nur der Phi-

10 Die meisten Menschen sind nach wenigen Jahren und innerhalb einer Generation vergessen, nur an sehr, sehr wenige Menschen erinnert sich die Menschheit bis heute, darunter übrigens mindestens an so viele monströse Verbrecher wie an vorbildliche und bemerkenswerte Menschen aus Religion, Politik, Wissenschaft und Kunst; das sei denjenigen gesagt, die allen Ernstes behaupten, die Idee der Unsterblichkeit im »aufgeklärten« Zeitalter der Wissenschaften lasse sich nur noch als Weiterleben in der ehrenhaften Erinnerung nachfolgender Generationen denken. Die Erinnerung der Menschen an verstorbene Menschen ist kontingent, ungerecht und kaum mehr als ein trauriges Spiegelbild der menschlichen Misere in der bisherigen Menschheitsgeschichte.

11 Paulus hat recht, wenn er mit Blick auf den christlichen Gott an die Gemeinde in Korinth (1. Kor. 15,14) schreibt: »Ist aber Christus nicht auferstanden, so ist unsere Predigt vergeblich, so ist auch euer Glaube vergeblich.« Nur gilt das für jeden Gottesglauben: Behält der Tod das letzte Wort, ist eine Erlösung durch Gott nichts als eine Illusion.

losophengott der kosmologischen Argumentation, also eine vielleicht nette und raffiniert ausgedachte, aber am Ende für unser Leben folgenlose Phantasie zurück.

Beginnen wir mit einer kleinen Erkenntnistheorie des Todes. Aus der Beobachterperspektive betrachtet gerät jeder menschliche Organismus unweigerlich eines Tages in einen Zustand, den wir heute als Hirntod definieren. Ist der Hirntod erst einmal eingetreten, bricht für uns aus der Beobachterperspektive gesehen jede Interaktion und Kommunikation mit dem Verstorbenen unwiderruflich ab. Es ließe sich nur als naturgesetzliches Wunder erklären, könnten Lebende mit Verstorbenen weiterhin kommunizieren. Daher muss jede rationale Theologie nüchtern auf der Einschätzung beharren: Jeder Verstorbene ist unwiederbringlich aus der gemeinsamen empirischen Welt verschwunden.

Von der Beobachterperspektive, die den Tod der Mitmenschen betrachtet, ist jedoch unbedingt unsere Ich-Perspektive zu unterscheiden. Der Eintritt meines eigenen Körpers in den Zustand des Hirntods kann für mich zweierlei bedeuten: Entweder verlöscht mein ich-zentriertes Selbstbewusstsein und Erleben endgültig, oder es setzt sich fort, wie immer diese Fortsetzung im einzelnen auch beschaffen sein mag. Solange der biologische Hirntod nicht eingetreten ist, ist es für jeden von uns unmöglich zu wissen, welche der beiden Alternativen eintreten wird, und auch danach können und werden wir nur um die eine der beiden Möglichkeiten wissen. Insofern ist der biologische Hirntod eine absolute Erkenntnisschwelle, über das weitere Schicksal einer menschlichen Person etwas zu wissen.

Falls der Naturalismus wahr sein sollte, ist mein Tod wie der Tod jedes anderen Menschen das unwiderrufliche Verlöschen meines individuellen ich-zentrierten Selbstbewusstseins und Welterlebens. Mit dem Tode höre ich endgültig auf, ich zu sein.

Trotzdem folgt diese Konsequenz nur, falls das Leib-Seele-Problem überzeugend naturalistisch gelöst werden kann. Davon kann jedoch keine Rede sein. Wir wissen lediglich: Als endliche Ich-Subjekte, die mit anderen Ich-Subjekten interagieren und kommunizieren, müssen wir in Materie verkörpert sein. Doch insoweit wir trotz unserer Endlichkeit vor allem und in erster Linie geistige Wesen sind, sind wir nicht intrinsisch an Materie gebunden, und wir müssen auch nicht unbedingt in Materie von der Art verkörpert sein, aus der ein menschlicher Organismus in dieser empirischen Welt besteht. Damit ist bereits aus den internen Schwierigkeiten des Naturalismus heraus zweierlei gezeigt: Unser ich-zentriertes Selbstbewusstsein und Welterleben könnte sich über den Hirntod unseres Organismus hinaus fortsetzen, und da der Naturalismus weit davon entfernt ist, bewiesen zu sein, lässt sich diese Möglichkeit nicht definitiv verwerfen.

Was folgt aus unserer Definition Gottes für seine Beziehung zu einem verstorbenen Menschen? Gott kennt das gesamte vergangene Leben und die unwiederholbare Identität eines verstorbenen Menschen. Das ganze Leben eines verstorbenen Menschen ist in Gottes Erinnerung präsent. Selbstverständlich folgt auch das aus der Definition Gottes: Gott kann das Leben dieser Person weiterdenken, indem er sie in einen »neuen Leib« wiederverkörpert denkt. Sollen die Personen sich wiederbegegnen, miteinander versöhnen und gemeinsam ein erfülltes Leben führen, muss Gott die Menschen sogar in einen »neuen Leib« wiederverkörpern.

So lässt sich auch innerhalb der rationalen Theologie die Rede von der Auferstehung verstehen. Auferstehung ist prinzipiell etwas anderes als die Unsterblichkeit der Seele.[12] Nach der Auferstehungsvorstellung löst sich im Tod nicht die Seele vom

12 Vgl. Cullmann (1962).

Körper und existiert körperlos fort. Im Tod endet die Gemeinschaft einer individuellen Person mit anderen Personen. Das gesamte Leben dieser Person und ihre Identität bleiben aber in Gottes Denken aufbewahrt, und Gott kann die Gemeinschaft derselben Personen erneuern und wiederaufleben lassen, indem er die Personen wiederverkörpert.[13]

Stellen wir uns einmal vor, wir Menschen lebten nach unserer Auferstehung versöhnt in neuer Gemeinschaft miteinander. Die moralischen Übel sind überwunden. Trotzdem sind wir Teil einer materiellen Welt, denn wir bleiben endliche und damit materiell verkörperte Wesen. Wir werden nicht Gott. Wie ist eine erlöste materielle Welt beschaffen? Weiterhin müssen wir Menschen uns in unserem Handeln auf Naturgesetze stützen und verlassen. Die Naturgesetze lassen weiterhin zu, dass wir Menschen moralisch versagen und physisches Leid erzeugen. Auch als Auferstandene sind wir keine unfehlbaren Automaten. In unserer empirischen Welt tritt physisches Leid nun in doppelter Weise auf. Zum Beispiel: Ein Mensch greift eine andere Person ohne Grund an und verletzt sie schwer. Vergleichbares Leid könnte einer Person auch dadurch zustoßen, dass sie schwer erkrankt, unter starken Schmerzen leidet und in ihren Möglichkeiten extrem eingeschränkt ist. Das Erste, das moralische Übel, von einem anderen Menschen physisch attackiert zu werden, ist auch nach der Auferstehung zwar

13 Die Überlegungen sind ganz wesentlich inspiriert von den Darlegungen in Hermanni (2011), Kap. 7 »Tod und Auferstehungshoffnung« (S. 167–190). Hermanni hat dort insbesondere gezeigt, dass man sich die Identität einer Person vom Zeitpunkt ihres körperlichen Endes bis zur Wiederauferweckung durch Gott am besten im unendlichen »Gedächtnis Gottes« gewahrt und nicht durch die Vorstellung denken kann, die unsterbliche Seele einer Person lebe ohne Körper in einer Art »Dämmerzustand« fort, bis sie bei der Auferstehung erneut mit einem Körper vereinigt wird.

weiterhin naturgesetzlich möglich, doch Menschen tun einander so etwas dann nicht mehr an. Das Zweite hingegen, ein typisches physisches Übel, d.h. ein psycho-physisches Leid, das nicht Menschen zu verantworten haben, sollte der erlösten Welt fremd sein.

Wie müssten Naturgesetze beschaffen sein, die einerseits moralische Übel weiterhin ermöglichen, hingegen keine physischen Übel mehr? Nun, die Rand- und Anfangsbedingungen, die physische Leiden zur naturgesetzlichen Folge haben, dürften sich nie von Natur aus, sondern stets nur durch menschliches Versagen und schuldhaftes Handeln von Menschen ereignen. Eine solche Naturgesetzgebung lässt sich widerspruchsfrei denken. Mithin kann Gott sie auch schaffen.

Kohärent lässt sich Erlösung nicht ohne einen weiteren Aspekt denken: Erlösung wäre pervertiert, fiele das Leiden, das Menschen einander antun und noch antun werden, einfach dem großen Vergessen anheim und erlebten die Menschen die neue, die erlöste Welt so, als ob nie etwas Schreckliches geschehen wäre. Wir kommen in einem Heilsgeschehen nur dann als vernünftige und selbstverantwortliche Personen vor, wird jedermann schonungslos mit seinem bisherigen Leben konfrontiert. Jeder wird insbesondere konfrontiert mit sich als Täter, der anderen Menschen Leid bereitet hat, jeder muss seinen Opfern unter die Augen treten, aber auch den Tätern, die an ihm schuldig geworden sind. Insofern schließt Erlösung so etwas wie einen Gerichtsprozess ein. Wer freilich auf Erlösung hofft, erwartet nicht, dass dieser Gerichtsprozess dazu dient und damit endet, dass die Täter mit Leiden bestraft und sie von einem besseren gemeinsamen Leben für immer ausgeschlossen werden. Vielmehr richtet sich die Erlösungshoffnung darauf, dass die Konfrontation mit der ungeschminkten Wahrheit über sich und ihr Leben die Menschen dazu befreit, sich miteinander zu versöhnen und einander zu vergeben.[14] Ohne den Gedanken des Gerichts als Voraussetzung und Bestandteil der Vergebung und der Versöhnung wäre Erlösung ein Geschehen, in dem die Menschen gar nicht als vernünftige und selbstverantwortliche Personen ernst genommen würden. Wer vom Gericht nicht reden will, sollte daher von Erlösung schweigen.[15]

Fassen wir die eschatologische Quintessenz einer rationalen Theologie zusammen: 1. Gerade weil der Naturalismus nicht bewiesen ist und er ernsthafte Probleme mit dem Leib-Seele-Problem hat, ist es möglich, dass sich das Ich-Bewusstsein einer Person in der einen oder anderen Form über den physischen Hirntod hinaus fortsetzt. 2. Gleichwohl markiert der Tod für uns eine absolute Erkenntnisschwelle. 3. Es ist begrifflich wahr, dass Gott über die folgenden Vermögen verfügt: (a) Das gesamte Leben einer Person und ihre Identität bleiben im Denken Gottes aufbewahrt. (b) Gott kann zudem die in seinem Denken bewahrte individuelle Person in einem neuen Leib wiederverkörpern und ihr so Gemeinschaft mit anderen von Gott ebenfalls wiederverkörperten Personen ermöglichen. (c) Gott kann schließlich der neuen Materie eine Naturgesetz-

14 Dafür stellt die berühmte Wahrheitskommission in Südafrika nach dem Apartheitsregime ein wenn auch unvollkommenes Modell dar.

15 In dieser Hinsicht ist die Weisheit der biblischen Texte und des Christentums zu bewundern, dass sie Erlösung nicht ohne ein »letztes Gericht« denken. Natürlich sind in der Geschichte des Christentums Menschen mit der Androhung des »jüngsten Gerichts«, der »Höllenqualen«, der »ewigen Verdammnis« verängstigt, eingeschüchtert, entmündigt und unterdrückt worden. Daran ist nichts zu beschönigen. Und trotzdem muss man heute doch daran erinnern, dass die Vorstellung einer Erlösung ohne Gericht (wie im Haupttext erläutert) auf eine seichte, inakzeptable »Wellness-Spiritualität« hinausläuft, die allerdings in den Kirchen inzwischen um sich greift.

gebung aufprägen, die zwar nicht moralische Übel, sehr wohl hingegen physische Übel in der erlösten Welt ausschließt.

Über die knappen drei eschatologischen Thesen hinaus sollte sich jedoch niemand die Erlösung pseudo-naturalistisch ausmalen. Die Grenzen rationaler Theologie wären eklatant verletzt.[16]

13. Der Stachel des Theodizee-Problems

Was ist aus dem Theodizee-Problem geworden? Verstehen wir Erlösung so, wie wir es in den beiden letzten Kapiteln dargelegt haben, bleiben vor allem zwei Fragen: Warum müssen wir Menschen überhaupt sterben? Und falls Gott die Naturgesetze der erlösten Welt so einrichten kann, dass physische Übel vermieden werden: Warum lässt er sie in dieser empirischen Welt zu? Unser Antwortversuch verbindet die beiden Fragen miteinander.

Gott will unbedingt, dass seine Schöpfung am Ende gut wird. Er muss jedoch moralische Übel zulassen. Wider seinen Willen sind ausnahmslos alle Menschen in moralische Übel involviert. Dem bösen Treiben der Menschen kann Gott nicht beliebig lange tatenlos zusehen, denn so bliebe seine Schöpfung unvollendet. Gott lässt daher auch der moralischen Misere eines jeden Menschen nicht endlos freien Lauf. Gott setzt eine Zäsur. Das lässt sich durchaus vergleichen mit der Reaktion von Menschen auf einen notorischen Wiederholungstäter. Irgendwann bekommt er eine letzte Chance, von seinem bö-

16 Es steckt viel Weisheit in den geradezu provokativ knappen Formulierungen des apostolischen Glaubensbekenntnisses. Es expliziert die Erlösungshoffnung der Christen nur in Stichworten: »Auferstehung der Toten«, »letztes Gericht«, »Vergebung der Sünden« und das »ewige Leben«.

sen Treiben abzulassen. In diesem Sinne setzt auch Gott seine Zäsur. Diese Zäsur ist der Tod.[17] Er leitet die letzte Chance ein, die Gott den Menschen zu einer endgültigen Überwindung des moralisch Bösen gewährt.

Versöhnen sich Menschen endgültig miteinander und mit Gott, kann Gott die physischen Übel abschaffen. Er kann aus der bisherigen Welt eine neue Welt stark emergent hervorgehen lassen, in der Rand- und Anfangsbedingungen, aus denen naturgesetzlich Leiden resultiert, nur noch durch menschliches Handeln zustandekommen.[18] Aber in unserer empirischen Welt, in der Menschen auch nach Gottes Willen sterben müssen, sterben Menschen in jedem Falle irgendwann naturgesetzlich zwangsläufig. Insofern das Sterben und der Tod mit physischem und psychischem Leid verbunden sind, müssen sich in der empirischen Welt physische Übel zutragen, also Übel, die nicht Menschen zu verantworten haben, sondern die sich von Natur aus nach allgemeinen Naturgesetzen ereignen.

Unsere Überlegungen begründen freilich nur, dass Gott keine Welt schaffen kann, die einerseits frei von physischen Übeln ist und in der andererseits Menschen mit naturgesetzlicher Zwangsläufigkeit sterben. Hingegen erklären sie nicht im geringsten, warum Gott Menschen immer wieder so unfassbar leiden lässt. Diese Teilfrage vom ursprünglichen Theodizee-Problem bleibt unbeantwortet.[19] Es wiegt schwer, dass der Theismus sie unbeantwortet lassen muss. Wie schwer wiegt dieser Einwand?

17 Dass der Tod »der Sünde Sold« (Römer 6.23) ist, dieses Pauluswort lässt sich insofern in einer rationalen Theologie durchaus einholen.

18 Freilich nehmen wir an, dass Leiden nicht mehr vorkommen, weil die Menschen nach Gericht und Vergebung vom Bösen ablassen.

19 Hermanni (2011), S. 116–144, spricht in diesem Zusammenhang vom »empirischen« Theodizee-Problem und zeigt überzeugend, dass niemand darauf eine gute Antwort hat, ja angesichts unserer epistemischen Grenzen auch nicht haben kann.

14. Ein moralisches Argument

Die Kernaussage des theistischen Idealismus ist keine deskriptive Hypothese über die Welt, die man sich lediglich aus theoretischer Neugier zu eigen macht. Natürlich sollte es für unser Leben hier und jetzt einen Unterschied machen, ob sie wahr ist oder nicht. Was also heißt es, hier und jetzt auf Gott zu hoffen und auf ihn zu vertrauen, obwohl Erlösung auf Zukunft gerichtet ist?

Nur derjenige hofft existenziell aufrichtig in seinem Leben auf etwas, der so viel wie eben möglich bereits hier und jetzt von dem vorwegzunehmen versucht, was er für die Zukunft endgültig und uneingeschränkt erwartet. Wer hofft, dass Gott nichts und niemanden in der Welt endgültig verloren gegeben hat, der versucht seinen Mitmenschen genau so jetzt schon zu begegnen. So schildert es einer der bemerkenswertesten Texte des Neuen Testament, Jesu Rede vom letzten Gericht. Dort spricht der Richter, der »Menschensohn«, zu den auferstandenen Toten auf seiner Rechten:

> »Denn ich bin hungrig gewesen, und ihr habt mich gespeist. Ich bin durstig gewesen, und ihr habt mich getränkt. Ich bin ein Gast gewesen, und ihr habt mich beherbergt.
>
> Ich bin nackt gewesen, und ihr habt mich bekleidet. Ich bin krank gewesen, und ihr habt mich besucht. Ich bin gefangen gewesen, und ihr seid zu mir gekommen.
>
> Dann werden ihm die Gerechten antworten und sagen: Herr, wann haben wir dich hungrig gesehen und haben dich gespeist? oder durstig und haben dich getränkt?
>
> Wann haben wir dich als einen Gast gesehen und beherbergt? oder nackt und haben dich gekleidet?
>
> Wann haben wir dich krank oder gefangen gesehen und sind zu dir gekommen?

Und der König wird antworten und sagen zu ihnen: Wahrlich ich sage euch: Was ihr getan habt einem unter diesen meinen geringsten Brüdern, das habt ihr mir getan.

Dann wird er auch sagen zu denen zur Linken: Gehet hin von mir, ihr Verfluchten, in das ewige Feuer, das bereitet ist dem Teufel und seinen Engeln!

Ich bin hungrig gewesen, und ihr habt mich nicht gespeist. Ich bin durstig gewesen, und ihr habt mich nicht getränkt.

Ich bin ein Gast gewesen, und ihr habt mich nicht beherbergt. Ich bin nackt gewesen, und ihr habt mich nicht gekleidet. Ich bin krank und gefangen gewesen, und ihr habt mich nicht besucht.

Da werden sie ihm auch antworten und sagen: Herr, wann haben wir dich gesehen hungrig oder durstig oder als einen Gast oder nackt oder krank oder gefangen und haben dir nicht gedient?

Dann wird er ihnen antworten und sagen: Wahrlich ich sage euch: Was ihr nicht getan habt einem unter diesen Geringsten, das habt ihr mir auch nicht getan.«[20]

Ob jemand tatsächlich auf Gott als den Erlöser vertraut, entscheidet sich nach dem Gleichnis vom Weltgericht an dem, was die Bibel »Nächstenliebe« nennt, was man aber auch »radikale Solidarität« unter den Menschen nennen könnte. Außerdem: Wer auf Gott vertraut, wird nicht ständig vertuschen oder schönreden, dass er durch und durch ein endlicher Mensch ist, dass er seiner Verstrickung als Täter und Opfer in die Übel und Leiden dieser Welt aus eigener Kraft niemals endgültig zu

20 Matthäus-Evangelium, Kap. 25, Verse 35–45; zitiert nach dem vom Deutschen Evangelischen Kirchenausschuss genehmigten Text von 1912, Stuttgart: Deutsche Bibelgesellschaft, 1981, S. 35.

entrinnen vermag und dass er angewiesen bleibt auf Trost und Vergebung. Er wird sein Leben in einer Haltung der Demut leben, die auch andere immer wieder spüren lässt, dass er sich nicht mit Gott verwechselt. Er wird empfänglich bleiben für Kritik an allen Formen des Größenwahns, der Hybris, dem wir Menschen immer wieder erliegen. Nicht zuletzt wird er der Maßlosigkeit und Selbstvergottung des Menschen in der wissenschaftlich-technischen Zivilisation entgegentreten.[21] Er wird in dem Bewusstsein leben, dass er selbst die allerwenigsten Bedingungen für ein gelingendes Leben herstellen und durch eigenes Handeln garantieren kann. Sein ganzes Leben, insbesondere alle Momente des Glücks wird er daher dankbar als Geschenk empfinden.

Selbstverständlich kann auch ein Naturalist ähnlich handeln und sich ähnlich zum Leben einstellen wie der Theist. Theisten sind nicht die besseren Menschen. Theisten und Naturalisten beantworten jedoch eine Frage höchst unterschiedlich und müssen sie auch gegensätzlich beantworten: Wie können und sollen wir uns gegenüber den bisherigen und zukünftigen Opfern moralischer und physischer Übel verhalten?[22]

Was kann der Naturalist antworten? Bestenfalls dieses: »Natürlich, es ist zutiefst zu bedauern, dass Menschen immer wieder zu Opfern physischer und moralischer Übel werden. Natürlich ist es trotz aller historischen, soziologischen und psychologischen Erklärungen am Ende immer auch zufällig und ungerecht, wen es trifft und wen nicht. Aber leider lässt sich daran mit Blick auf die Vergangenheit nichts mehr ändern. Blicken wir deshalb nur noch nach vorne und versuchen, in Zukunft Opfer zu vermeiden, wo immer es möglich ist.« Diese

21 Vgl. Tetens (2013).
22 Vgl. zum nachfolgenden moralischen Argument auch Höhn (2014), S. 161–218.

Reaktion, durchaus verständlich, ist gleichwohl erst einmal das Eingeständnis, wie brutal und erbarmungslos die Welt und die Menschheitsgeschichte über die unzähligen Opfer hinweggehen. Wer die zahllosen Opfer ernsthaft bedauert, kann das nur fassungs- und ratlos oder resignativ-melancholisch-abschiedlich oder in verzweifelt-trotziger Auflehnung[23] tun.

Wird hingegen das Bedauern einfach nur so dahingesagt, dann drückt sich in der oben formulierten Äußerung eine Haltung aus, die ehrlicher so zu formulieren wäre: »Hauptsache, dass es wenigstens mir gutgeht und hoffentlich auch in Zukunft gutgehen wird, und mit den vielen Opfern will ich mich eigentlich nicht belasten und beschäftigen, zumal das doch auch gar nichts bringt.« Verbindet sich das auch noch mit der Bekundung, eigentlich sei die Welt trotz allem gut, handelt es sich im Grunde genommen um egoistischen Hedonismus: Die Welt ist deshalb gut, weil es mir (und meinen Freunden) gutgeht. Ein solches Lob auf die Welt darf man getrost zynisch nennen.

Zynisch ist nur der nicht, der ernsthaft glaubt, wir Menschen könnten aus den Opfern der Vergangenheit für die Zukunft lernen und mit Wissenschaft, Technik und Industrie immer mehr Übel aus der Welt verbannen. Der Kampf gegen die Übel in der Welt nimmt bei vielen Menschen in der wissenschaftlich-technischen Zivilisation allerdings gleich den illusionären Glauben an eine Selbsterlösung des Menschen an.[24] Wer der größenwahnsinnigen Illusion einer Selbsterlösung

23 Wie man sich in einer ausdrücklich nicht-theistischen Sicht auf die Welt trotzig und im Wissen um eine letzte, tragische Vergeblichkeit gegen das sinnlose Leiden und das Böse auflehnen kann, hat niemand so eindrucksvoll literarisch und philosophisch thematisiert wie Albert Camus (1913–1960). Das hat Meyer (2013) noch einmal gründlich und präzise herausgearbeitet.

24 Vgl. Tetens (2013).

nicht erliegen will, darf nur auf einen gemäßigten und in jedem Falle bescheidenen und beschränkten Fortschritt bauen, der auch zukünftig mit Opfern rechnet. Diese Haltung teilt er mit dem Theisten.

In naturalistischer Perspektive sind und bleiben diese vergangenen und auch zukünftigen Opfer allerdings bestenfalls Mittel zum Zwecke einer Verbesserung der Welt, einer Verbesserung, die für die Opfer meistens zu spät kommt und an der sie nicht mehr teilhaben. Dieser Tatbestand ist moralisch skandalös, und der Naturalist weiß keinen Rat, wie er jemals zu beenden wäre.

Anders als in naturalistischer Sicht ist die Zukunft der Welt in einer theistischen Erlösungsperspektive radikal offen: Gott wartet auf die Mitwirkung des Menschen am Gelingen der Schöpfung und beantwortet sie mit radikal emergenten Neuerungen, mit denen er »noch aus dem Bösesten Gutes entstehen lassen will und kann«[25]. Nur der Theist vermag in der Hoffnung zu leben, dass die Welt gut wird, ohne dass er die Übel und Leiden in der Welt mit Resignation, tragischer Auflehnung, zynischem egoistischen Hedonismus oder illusionärem Selbsterlösungswahn quittieren muss. Und keinem Menschen ist in theistischer Perspektive das Lebensschicksal zugedacht, als kontingentes Opfer des Weltenlaufs am Ende bestenfalls ein Mittel auf dem Wege zu einer sich bessernden Welt zu sein. Selbst mit dem Tode verliert kein Mensch eine letzte Chance, daran teilzuhaben, dass und wenn Gottes Schöpfung am Ende gut wird. Das ist der größte Trost der Erlösungshoffnung.

Warum nehmen das nur wenige als das wahr, was es ist: nämlich als eine wirkliche Stärke des Theismus? Weil viele glauben, der Theismus besäße diese Stärke nur um den Preis

25 So die wunderbare Formulierung von Bonhoeffer (2002), S. 18.

bloßen Wunschdenkens. Doch es kann keine Rede davon sein, dass die Erlösungshoffnung zutiefst irrationales Wunschdenken ist, während die Desillusionierung jedes Erlösungsgedankens im Geiste des Naturalismus überlegen vernünftig ist. Die Erlösungshoffnung wäre nur dann rundum unvernünftig, wenn der Naturalismus beweisbar wahr und der Theismus im logischen Gegenzug beweisbar falsch wäre. So ist es nicht, im Gegenteil, nach unserer kosmologischen Argumentation hat der Naturalismus sogar mit Schwierigkeiten zu kämpfen, die sich umgekehrt als Stärken des Theismus entpuppen. Mithin können wir für die relative, weil mit dem Naturalismus verglichene Vernünftigkeit des Erlösungsglaubens argumentieren:

1. *Prämisse:* Es ist geboten, gegen die Übel und Leiden in der Welt zu kämpfen, wo immer dies möglich ist.
2. *Prämisse:* In der Perspektive des Naturalismus lässt sich gegen die Übel und Leiden in der Welt ankämpfen, aber nur in einer problematischen Haltung wie der Resignation, der tragischen Auflehnung, des zynischen egoistischen Hedonismus oder des selbstzerstörerischen Selbsterlösungswahns und in jedem Falle in der moralischen Verlegenheit, ungeheuer viel von den Übeln und Leiden in der Welt bestenfalls als Mittel zum Menschheitsfortschritt einen vermeintlichen Sinn zu verleihen.
3. *Prämisse:* Der theistische Erlösungsglaube erspart uns alle diese Haltungen beim Kampf gegen die Übel in der Welt.
4. *Prämisse:* Wenn es geboten ist, *X* zu tun, die Bemühungen, *X* zu tun, im Rahmen des Überzeugungssystem *Y* zu problematischen Haltungen zwingt, während sie einem im Überzeugungssystem *Z* erspart bleiben, dann ist es vernünftiger, das Überzeugungssystem *Z* zu übernehmen als das Überzeugungssystem *Y*, es sei denn, es sprechen ansonsten die besten und gewichtigsten Gründe für *Y* und gegen *Z*.

5. *Prämisse:* Es sprechen keineswegs die besten Gründe für die Wahrheit des Naturalismus und gegen den Theismus, wie die kosmologische Argumentation zeigt.

---

6. *Konklusion:* Also ist es im Vergleich mit dem Naturalismus vernünftiger, Theist zu sein und auf Gott als Erlöser zu hoffen und zu vertrauen.

Prämisse 5 ist für die Konklusion unverzichtbar. Erst zusammen mit der kosmologischen Argumentation wird das moralische Argument für die relative Vernünftigkeit des Gottesglaubens beweiskräftig.

Unser Argument hat ein Nachspiel. Wie schwer fällt ins Gewicht, dass wir nicht verstehen und erklären können, in welch schockierenden Ausmaßen Gott die Menschen leiden lässt? Dieser Stachel steckt weiterhin im Fleisch des Theismus, und er tut bitter weh. Er kann Menschen durchaus irre werden lassen am theistischen Erlösungsglauben.

Und doch, der Theist zeigt nicht in einer billigen Retourkutsche mit dem Finger auf den Naturalisten, wenn er konstatiert: Der Theodizee-Einwand, der sich nicht aus der Welt schaffen lässt, verschiebt die Gewichte nicht zugunsten des Naturalismus. Der Naturalist hat nichts Substanzielleres zur Erklärung der Übel in der Welt zu sagen, geschweige denn zu ihrer Rechtfertigung. Er kann sie, wie wir gesehen haben, nur auf verschiedene Weisen kommentieren, die allesamt heikel sind. Mit Blick auf das Theodizee-Problem herrscht ein Patt zwischen Naturalismus und Theismus. Es ist mehr als nur ein Patt der Argumente, es ist ein Patt tiefer Ratlosigkeit. Nicht wir als Naturalisten, nicht wir als Theisten oder als Vertreter noch einer anderen Metaphysik sind ratlos über das Ausmaß der Leiden in der Welt, nein, wir sind es einfach als Menschen, wir müssen es einfach als Menschen sein.

IV. Theistische Metaphysik

15. Ein eschatologisches »Eperimentum Crucis«

Wir haben in den Teilen I bis III dieses Buches zwei Metaphysiken diskutiert, nämlich die naturalistische Metaphysik und die Metaphysik eines theistischen Idealismus. Beide haben wir jeweils in einer Kernthese zusammengefasst. Die Kernthese des Naturalismus lautet: Die eigentliche und einzige Wirklichkeit ist die Welt materieller Dinge und Ereignisse, wie sie im wesentlichen zutreffend durch die Erfahrungswissenschaften, besonders die Naturwissenschaften beschrieben und erklärt werden; wir Menschen sind auch und gerade als geistige Subjekte letztlich nichts anderes als ein Stück kompliziert organisierter Materie, die nur nach Naturgesetzen funktioniert. Und die Kernthese des theistischen Idealismus lautet: Es gibt Gott als unendliches vernünftiges Ich-Subjekt. Gott schafft uns Menschen als endliche geistige Ich-Subjekte und will unbedingt unser Heil.

Über diese zwei metaphysischen Kernthesen lassen sich drei wichtige erkenntniskritische Aussagen treffen, die sich unmittelbar aus unseren bisherigen Überlegungen ergeben: 1. Keine der beiden metaphysischen Kernthesen lässt sich definitiv beweisen oder widerlegen. 2. Trotzdem lassen sich die beiden metaphysischen Kernthesen nach vernünftigen Gesichtspunkten miteinander vergleichen, schon deshalb, weil sie sich logisch-begrifflich wechselseitig ausschließen, und sie lassen sich als Möglichkeiten gegeneinander abwägen und gewichten, wie nicht zuletzt die kosmologische Argumentation und das moralische Argument unter Beweis stellen. 3. Man kann alle Erfahrungen jeweils im Lichte einer der beiden Kernthesen deuten und interpretieren.

Die drei erkenntnistheoretischen Thesen werfen ein interessantes Licht auf die Frage nach der Erkennbarkeit Gottes. Diese erkenntnistheoretische Problematik darf keine rationale Theologie aussparen.

Niemals können wir Gott direkt erkennen. Denn nach der Definition Gottes und der fundamentalen Äquivalenz (*G*) sind wir Gedankeninhalte des unendlichen Ich-Subjekts Gott, während wir selber nie in ein echtes Subjekt-Objekt-Verhältnis zu Gott treten können. Ein Gedankeninhalt ist immer nur das Objekt, niemals das Subjekt seines Gedachtwerdens. Zudem können wir wie bei jedem anderen Ich-Subjekt auch niemals direkt die Ich-Perspektive Gottes einnehmen. Aber bei ihm verschärft sich diese Sachlage dramatisch: Anders als bei unseren Mitmenschen ist er als unendliches Ich-Subjekt in nichts von ihm Verschiedenen verkörpert. Er tritt uns nicht als ein Objekt neben anderen Objekten unter die Augen. Weil das so ist, begegnet uns Gott auch niemals als ein Etwas in der Erfahrungswelt. Mehr noch, nichts deutet in der Erfahrungswelt eindeutig auf Gott und seine Eigenschaften hin. Andernfalls ließen sich die Existenz und die Eigenschaften Gottes schlüssig oder mit höchster empirischer Wahrscheinlichkeit beweisen. Das jedoch ist nicht der Fall. Gott ist (erfahrungs) transzendent.

Daraus haben nicht nur Naturalisten und Empiristen, sondern auch Anhänger der negativen Theologie gefolgert, Gott sei ganz und gar unerkennbar. Mit dieser Schlussfolgerung wäre allerdings das Ende jeder sinnvollen Rede von Gott besiegelt. Außerdem machte es dann für unser Leben nicht den geringsten Unterschied, ob es ihn gibt oder nicht.

Ohne Zweifel, wir erkennen Gott nicht direkt. Daraus sollte niemand schließen, dass wir ihn gar nicht erkennen. Es liegt sogar auf der Hand, dass und wie wir etwas von Gott und seinen Eigenschaften wissen können. Wir können zwar nicht schlüssig Gottes Dasein beweisen. Sehr wohl jedoch können wir vernünftig dafür argumentieren, dass Gottes Existenz und seine Eigenschaften eine Möglichkeit darstellen, die wir nicht zuletzt unter den Zumutungen unserer existenziellen Lage in der Erfahrungswelt ernst nehmen können und sollen. Nicht als Wirklichkeit, als Möglichkeit vermögen wir Gott ein Stück weit zu erkennen und sinnvoll und verständlich über ihn zu reden. Trotzdem bleibt die Transzendenz Gottes unangetastet, solange wir lediglich seine Möglichkeit in Umrissen vernünftig denken können. Zumindest die Möglichkeit Gottes muss sich allerdings vernünftig denken lassen, andernfalls würde er gänzlich in der Unerkennbarkeit verschwinden und existenzieller Irrelevanz anheimfallen.

Aus unseren Überlegungen folgt noch etwas anderes: So wie wir Gott definiert haben, kann er auf eine einzige Weise indirekt in der Erfahrungswelt gegenwärtig sein, dort nämlich, wo Menschen in ihrem Leben auf Gott hoffen, ihn loben, ihn in ihren Nöten anrufen, ihn fürchten und – das gerät angesichts der Theismusphobie so vieler Philosophen leicht in Vergessenheit – wo Menschen ihn vernünftig zu denken versuchen. Wenden wir darauf die Äquivalenz (*G*) an: Menschen denken, dass in Bezug auf Gott das und das der Fall ist, genau dann, wenn Gott denkt, dass Menschen denken, dass in Bezug auf Gott das und das der Fall ist. Gott denkt sich selbst durch den Menschen oder, wie es Hegel in seiner Religionsphilosophie ausdrückt, Religion sei das »Wissen des göttlichen Geistes von sich durch Vermittlung des endlichen Geistes«.[1]

Wer in seinem Leben ernsthaft auf eine Erlösung durch Gott vertraut, deutet sein Leben ganz und gar im Lichte des Satzes »Wir sind Geschöpfe eines gerechten und barmherzigen Gottes, der unser Heil will«. Erkenntnistheoretisch betrachtet hat dieser Satz für den Gläubigen den Status eines transzen-

1 Hegel (1986), S. 198.

dentalen Rahmenprinzips.[2] Der Gläubige erfährt sein Leben in der besonderen Weise, dass er alles in Übereinstimmung mit diesem Satz interpretiert und gerade bei scheinbar widerstreitenden Erfahrungen an ihm festhält. Nichts prägt den Gläubigen so sehr wie die Tatsache, dass er auf Gott vertraut. Gerade diese Tatsache wird er im Lichte seines Gottesglaubens verstehen. Er wird seinen Gottesglauben also von Gott geschenkt oder religiös gesprochen: als Gnade Gottes erfahren. Und dies umso mehr, als es uns ja in der Tat nicht möglich ist, unser Leben ernsthaft auf beliebige Glaubensinhalte existenziell zu gründen. Worauf wir hoffen, wohlgemerkt, in einem existenziell ernsthaften Sinne hoffen, ist in einem erheblichen Ausmaß unserer Willkür entzogen. Es ist von daher nur konsequent, wenn der Gläubige sein Vertrauen auf Gott als ein Widerfahrnis begreift, das von Gott selbst herrührt.

Ebenso konsequent ist es, dass für ihn Gott auch darin wirksam und gegenwärtig ist, dass auch andere Menschen auf Gottes Erlösung hoffen, Gott als ihren Richter und Erlöser fürchten und loben und nicht zuletzt Gott als ernsthafte Möglichkeit vernünftig denken. Umgekehrt muss man natürlich bereits an Gott glauben, um im eigenen und vor allem im Glauben anderer Menschen die Gegenwart und Wirksamkeit Gottes zu erfahren. Wer nicht bereits an Gott glaubt, der wird dem hoffenden Vertrauen anderer auf Gott ebenso wenig einen Hinweis auf Gott zu entlocken vermögen wie seinem eigenen Unglauben. Alles andere wäre intellektuell inkonsequent. Trotzdem ist es falsch, hier erkenntnistheoretisch einen Zirkel am Werk zu sehen, der den Glauben immunisierend der Kritik entzieht.[3]

2 Vgl. das Kap. 3 über die transzendentale, d. h. Erfahrungen ermöglichende Rolle metaphysischer Aussagen, hier S. 18 ff.

3 Das lässt sich am Naturalisten Colin McGinn (* 1950) gut illustrie-

Rationale Theologie, das liegt in ihrem Wesen, beruft sich für keine ihrer Aussagen auf heilige Texte oder andere Quellen, die die Religionen mit der Autorität von Selbstoffenbarungen Gottes ausstatten. Aber rationale Theologie kann der Vorstellung, dass wir Gott nicht erkennen können, sondern er sich uns offenbaren muss, durchaus einen Sinn abgewinnen: Gott ist in der Erfahrungswelt nur durch Menschen gegenwärtig, die bereits auf ihn hoffen und die diese ihre Hoffnung bereits als sein Wirken begreifen und bekennen.[4] In diesem Sinne hat Thomas Buchheim (* 1957) recht, wenn er davon spricht, dass Gott »nur durch ein Hörensagen an uns kommt, welches sich als wahr herausstellen könnte«[5].

Immer wieder wird der Verdacht laut, metaphysische Aus-

ren. Bei ihm treffen wir strukturell auf die gleiche epistemische Konstellation. Weil McGinn Naturalist ist, deutet er die unübersehbaren Schwierigkeiten, die der Naturalismus mit dem Phänomen des Bewusstseins hat, gerade als eine zu erwartende Folge der Tatsache, dass wir auch als geistige Wesen ganz und gar das kausale Produkt naturgesetzlich-materieller Prozesse sind. Und diese naturalistische Erklärung bestärkt ihn anschließend in seiner Überzeugung, dass der Naturalismus wahr ist. Nochmals, daran ist nichts zu kritisieren. Wir erfahren und erkennen nichts in der Welt ohne transzendentale Rahmenannahmen. Transzendentale Rahmenannahmen sind unverzichtbar. Zu kritisieren ist nur, dass daraus immer wieder falsche, weil relativistische, erkenntnisskeptische oder vernunftdefätistische Konsequenzen gezogen werden.

4 Hier deute ich nur kurz an, wie sich die Rede von der Selbstoffenbarung Gottes auch innerhalb der rationalen Theologie verstehen und begründen lässt. An sich verdiente das Thema Selbstoffenbarung längere Ausführungen, insbesondere aber wären viele Versionen der Offenbarungslehre, etwa in Gestalt der Wort-Gottes-Theologie bei Karl Barth (1886–1968) und anderen erkenntniskritisch unter die Lupe zu nehmen.

5 Buchheim (2013), S. 124 (Hervorhebung im Original).

sagen seien letztlich sinnlos, weil sie sich niemals definitiv beweisen oder widerlegen ließen. Mit dieser allgemeinen Metaphysikschelte müssen wir uns jetzt nicht weiter aufhalten, denn der Gegensatz von Naturalismus und Theismus, der uns allein hier interessiert, ist sowieso anders gelagert.

Wir haben zwei miteinander verbundene Argumente vorgetragen, nämlich die kosmologische Argumentation und das moralische Argument. Die kosmologische Argumentation gründet wesentlich auf der Tatsache, dass sich in der Natur und in der Kultur immer neue Phänomene starker Emergenz entdecken lassen und das Mentale nicht stark aus dem Physischen emergiert, sondern nur notwendige physische Bedingungen seiner intersubjektiven Mitteilbarkeit hat. Sollte sich wenigstens starke Emergenz in Zukunft doch erfahrungswissenschaftlich solide nachweisen lassen, ließe sich die in diesem Buch vorgetragene kosmologische Argumentation und damit auch das moralische Argument zugunsten des Theismus nicht mehr aufrechterhalten. Zwar wäre der Theismus damit nicht definitiv widerlegt[6], aber er wäre erheblich geschwächt, und der Naturalismus wäre erheblich gestärkt. Aus meiner Sicht wäre der Theismus sogar so geschwächt, dass ich Partei für den Naturalismus oder zumindest für den naturalistischen Dualismus ergreifen würde. Das unterstreicht einmal mehr, dass man für und gegen metaphysische Positionen argumentieren kann. Im Reich der Metaphysik sind keineswegs alle Katzen grau. Auch metaphysische Positionen, obwohl abstrakt unwiderlegbar, bleiben riskant. Zukünftige Evidenzen können sie in so

6 Naturgesetzliche Supervenienz des Mentalen über dem Physischen oder schwache oder starke Emergenz des Mentalen aus dem Physischen beruhen auf empirischen Korrelationsbehauptungen, und die können sich immer noch als falsch herausstellen oder lassen sich epistemisch als Täuschung erklären.

schwache Möglichkeiten verwandeln, dass es nicht mehr vernünftig ist, ernsthaft auf sie hin zu leben. Gottesglaube ist kein Freibrief für Irrationalität, er ist kein Sprung in das Absurde um des Absurden willen. In dieser Hinsicht verdient Søren Kierkegaard (1813–1855) entschiedenen Widerspruch. Aber der Gottesglaube ist in der Tat riskant, nicht nur existenziell, auch intellektuell. Rationale Theologie vermag daran nichts zu ändern. Immerhin vermag sie jedoch die Bruchstelle zu benennen, wo der Sprung vonnöten ist und der Absturz allgegenwärtig droht.

Doch ist auch der Naturalismus nicht davor gefeit, durch überwältigende Evidenzen in der Zukunft dem Theismus allein das Feld überlassen zu müssen. Die Kernthese des theistischen Idealismus impliziert, wie wir gesehen haben, die Auferstehung der Toten, Gericht, Vergebung und Versöhnung der Menschen. Der Naturalist wähnt sich vor einem solchen Ausgang seines Disputes mit den Theisten sicher. Dass er sich in falscher Sicherheit wiegen könnte, das ist sein metaphysisches Risiko. Falls uns Gott tatsächlich erlösen wird, werden wir das erfahren und erkennen. Der Naturalismus ist dann definitiv widerlegt, und die Naturalisten werden in dem Augenblick, wo »Gott sie bei ihrem Namen ruft«, keine Naturalisten mehr sein. Theisten versichern den Naturalisten, dass sie diesen Augenblick der Widerlegung nicht zu fürchten haben. Aber für diese frohe Botschaft sind die Naturalisten taub und verbitten sie sich.

Sollte jedoch der Naturalismus wahr und der Theismus deshalb definitiv falsch sein, dann ist das eben so. Allein, niemand wird das jemals wissen. Die Naturalisten werden recht behalten, aber feiern können sie ihren späten Triumph nicht mehr, die Theisten werden ins Unrecht gesetzt, aber das kann und muss ihnen niemand mehr schonend beibringen, denn sie haben sich längst ins Nichts verabschiedet. Der Naturalismus kann nur um den Preis des großen Vergessens wahr sein. Der Theismus hingegen wird sich, wenn es denn so sein sollte, unter solchen Sinnbedingungen als wahr herausstellen, die wir eigentlich immer unterstellen, wenn wir von wahren Aussagen und der Möglichkeit ihrer Verifikation reden: Es gibt auch jemanden, der eine Wahrheit erkennt und der um sie weiß. Zwischen Naturalismus und Theismus können wir von der Sache her in dieser Erfahrungswelt nicht endgültig entscheiden. Aber sollte der Theismus wahr sein, entscheidet ein zukünftiges, ein eschatologisches »experimentum crucis« zwischen Naturalismus und Theismus über die Wahrheit.[7] So und nur so ist es erkenntnistheoretisch wirklich zwischen Naturalisten und Theisten bestellt.[8]

16. Von trostloser und tröstlicher Metaphysik

Natürlich ist der Gedanke, wir und die uns umgebende materielle Welt seien Geschöpfe Gottes, der unbedingt unser und der Welt Heil will, kühn und spekulativ. Für die naturalistische Mehrheit unter den heutigen Philosophen ist er indiskutabel. Für höchst diskutabel halten sie hingegen den Satz »Wir Menschen sind nichts anderes als ein Stück kompliziert organisierter Materie in einer rein materiellen Welt«. Dieser Satz ist freilich ebenso wenig bewiesen wie der Satz über die Welt als Schöpfung eines Gottes, der uns Heil verheißt. Gegen das Credo der Naturalisten spricht, dass es außerordentlich schwer, ja

7 Diese Überlegungen lehnen sich an Überlegungen von Pannenberg (1973), vor allem S. 329–348, an.

8 Zu einer »eschatologischen transmortalen Verifikation« theistischer Kernaussagen wäre natürlich sehr viel mehr zu sagen; wichtige erkenntnistheoretische Aspekte erörtern Olaf Müller (2010 a/b) und Nico Strobach (2010).

unmöglich wird, dass wir uns in seinem Lichte immer noch als vernünftige Personen verstehen können. Verschwiegen wird auch, dass, denken wir den naturalistischen Kernsatz konsequent zu Ende und ignorieren nicht vorsichtshalber, was die Wissenschaften über die Welt zu sagen haben, die existenzielle Lage des Menschen in der Welt in seinem Lichte letztlich nur noch absurd wie ein bitterböser Witz erscheint.

Was existenzielle Absurditäten anbelangt, so scheint die naturalistische Metaphysik unserer Tage allerdings vor nichts zurückzuschrecken. Nehmen wir nur ein einziges Beispiel: Der Naturalismus muss verständlich machen, in welchem Sinne wir über Möglichkeiten reden können, ohne den Materialismus preiszugeben. Daher schlagen einige Materialisten vor, die Rede über Möglichkeiten lasse sich am besten ohne Abstriche an der Ontologie des Naturalismus verstehen, falls man einen Satz wie »Möglicherweise ist *p* der Fall« interpretiert als den Satz »Es gibt eine mögliche Welt, in der *p* der Fall ist«. Mögliche Welten fassen unsere Materialisten genauso auf, wie die Welt, in der wir tatsächlich, aber natürlich rein zufällig leben. Es gibt also nicht nur unsere Welt, sondern parallel zu ihr ungezählte andere möglichen Welten (zu denen wir freilich epistemisch direkt keinen Zugang haben). Man spricht hier von »modalem Realismus«. Das bedeutet zum Beispiel: Es gibt nicht nur eine Welt, nämlich unsere, in der Hitlers Regime sechs Millionen Juden auf dem Gewissen hat, sondern auch noch eine andere Welt, in der Hitlers Regime den Zweiten Weltkrieg gewinnt und zusätzlich zu den Juden auch noch die Hälfte der polnischen und ukrainischen Bevölkerung ausmerzt, aber ebenso eine mögliche Welt, in der Hitler 1938 einem Attentat im Münchener Hofbräukeller zum Opfer fällt und das NS-Regime kurze Zeit später sang- und klanglos zusammenbricht, und eine mögliche Welt, in der Hitler selber als Jude zur Welt kommt und ... Wohlgemerkt, diese Welten soll es wirklich geben. Das ist nicht nur eine metaphorische *façon de parler*. Sollte das wahr sein, dann wäre das, was wir Realität nennen, nun wahrlich nichts anderes als ein Tollhaus sondergleichen. Unser Leben wäre eine einzige Farce, weil an uns und unseren »Gegenstücken« in den anderen möglichen Welten ohne Rücksicht auf Verluste lediglich ausprobiert würde, was alles möglich ist. So hat der modale Realismus seine überaus eigenwillige Sicht der Hölle. Die Hölle, das sind nicht die anderen (Sartre), nein, die Hölle, das sind die Möglichkeiten.

Zwar ist nicht längst jeder Philosoph modaler Realist, noch nicht einmal jeder Naturalist. Gleichwohl wird der Gedanke einer objektiven Existenz möglicher Welten in der Philosophie sehr ernsthaft erwogen, und zwar deshalb, weil sich angeblich modale Rede so am besten verstehen lasse.[9] Das ontologisch, moralisch und existenziell Abwegige, Groteske, ja Abartige dieser Idee wird hingegen so gut wie nie moniert. Zugleich schütteln dieselben Philosophen, die sich an allen Verlautbarungen aus der Metaphysik der möglichen Welten als gedankliche Herausforderungen ersten Ranges geradezu berauschen, über einen Satz wie »Wir Menschen sind Geschöpfe des gerechten und barmherzigen Gottes, der unser Heil will« den Kopf mit der herablassenden Geste: Über diese alte und alberne Metaphysik sei man doch längst hinaus, dieser Satz verdiene keinen Augenblick ernsthafter Auseinandersetzung. »Glauben Sie an Frau Holle? Also ich bitte Sie, Sie sollten wirklich auf Ihr intellektuelles Niveau achten!«

Nein, der Satz »Menschen sind nichts anderes als ein Stück kompliziert organisierter Materie in einer rein materiellen Welt«[10] ist selber kühn, um nicht zu sagen, tollkühn, ist unbe-

9 Was ich entschieden bezweifele, aber das steht auf einem anderen Blatt.

10 Oder ein Satz wie »Parallel zu der materiellen Welt, in der wir nun

wiesen und unbeweisbar, ist existenziell betrachtet absurd, bereitet allergrößte Schwierigkeiten, uns in seinem Lichte wirklich als vernünftige Personen begreifen zu können. Seine Botschaft ist durch und durch trostlos. Zugegeben, der Satz könnte am Ende trotz allem wahr sein.

Der Satz »Wir und die materielle Welt sind Geschöpfe des gerechten und gnädigen Gottes, der vorbehaltlos unser Heil will« ist kühn, ist unbewiesen und in dieser Welt unbeweisbar, ist aber existenziell betrachtet nicht absurd, es spricht für ihn, dass wir uns in seinem Lichte ohne Schwierigkeiten als vernünftige Personen verstehen können und dürfen. Und er drückt einen wunderschönen und ungemein trostreichen Gedanken aus. Zugegeben, der Satz könnte am Ende trotz allem falsch sein.

Um die Philosophie wird es erst dann wieder besser bestellt sein als gegenwärtig, wenn Philosophen mindestens so gründlich, so hartnäckig und so scharfsinnig über den Satz »Wir Menschen sind Geschöpfe des gerechten und gnädigen Gottes, der vorbehaltlos unser Heil will« und seine Konsequenzen nachdenken, wie Philosophen zur Zeit pausenlos über den Satz »Wir Menschen sind nichts anderes als ein Stück hochkompliziert organisierter Materie in einer rein materiellen Welt« und seine Konsequenzen nachzudenken bereit sind. Und des weiteren wird es um die Philosophie erst dann wieder besser bestellt sein als gegenwärtig, wenn es nicht von vornherein unbedingt als verdächtig gilt, dass unser Kernsatz einer rationalen Theologie »Mut zum Sein« (Paul Tillich [1886–1965]) macht und er uns tröstet.

Es gab schon einmal Zeiten, da hat Metaphysik die Denkenden getröstet. Es waren beileibe nicht die schlechtesten oder wahrheitsfernsten Zeiten der Philosophie.

einmal leben, gibt es in demselben Sinne, wie es unsere Welt gibt, ungezählte mögliche andere Welten«.

Literaturverzeichnis

Beckermann, Ansgar: Naturwissenschaften und manifestes Weltbild. Über den Naturalismus. In: Deutsche Zeitschrift für Philosophie (2012) H. 1. S. 5–26.

Benjamin, Walter: Sprache und Geschichte. Philosophische Essays. Ausgewählt von Rolf Tiedemann. Mit einem Essay von Theodor W. Adorno. Stuttgart 1992.

Bonhoeffer, Dietrich: Widerstand und Ergebung. Briefe und Aufzeichnungen aus der Haft. Hrsg. von Eberhard Bethge. 17., aktualisierte Aufl. Gütersloh 2002.

Brüntrup, Godehard: Das Leib-Seele-Problem. Eine Einführung. 4., durchgesehene Aufl. Stuttgart 2012.

Buchheim, Thomas: Philosophie und die Frage nach Gott. In: Neue Zeitschrift für systematische Theologie und Religion 55 (2013) (2). Berlin/Boston 2013. S. 121–135.

Bultmann, Rudolf: Welchen Sinn hat es, von Gott zu reden? In: R. B.: Glauben und Verstehen. Gesammelte Aufsätze. Bd. 1. Vierte unveränderte Aufl. Tübingen 1961. S. 26–37.

Cullmann, Oskar: Unsterblichkeit der Seele oder Auferstehung der Toten? Stuttgart/Berlin 1962.

Hegel, Georg Wilhelm Friedrich: Vorlesungen über die Philosophie der Religion I. Werke 16. Frankfurt a. M. 1986.

Hermanni, Friedrich: Metaphysik. Versuche über letzte Fragen. Tübingen 2011.

Hick, John: Religion. Die menschlichen Antworten auf die Frage nach Leben und Tod. München 1996.

Höhn, Hans-Joachim: Das Leben in Form bringen. Konturen einer neuen Tugendethik. Freiburg/Basel/Wien 2014.

Hösle, Vittorio: Die Krise der Gegenwart und die Verantwortung der Philosophie. München 1990.

Horkheimer, Max: Kritische Theorie. Hrsg. von Alfred Schmidt. Bd. 1. Frankfurt a. M. 1968.

Illies, Christian: Theodizee der Theodizeelosigkeit. Erwiderung auf einen vermeintlichen Einwand gegen jede Verteidigung des Welt-

urhebers angesichts des Bösen in der Welt. In: Philosophisches Jahrbuch 107 (2000) H. 2. S. 410–428.
Kutschera, Franz von: Vernunft und Glaube. Berlin/New York 1990.
– Was vom Christentum bleibt. Paderborn 2008.
– Das Leibniz-Gesetz. In: Marcus Knaup/Tobias Müller/Patrick Spät (Hrsg.): Post-Physikalismus. Freiburg/München 2011. S. 234–244.
McGinn, Colin: Die Grenzen des vernünftigen Fragens. Grundprobleme der Philosophie. Stuttgart 1996.
Meyer, Martin: Albert Camus. Die Freiheit leben. München 2013.
Müller, Olaf: Warte bist Du stirbst. Dualistische Hausaufgaben von Moritz Schlick. In: Moritz Schlick. Ursprünge und Entwicklungen seines Denkens. Hrsg. von Fynn Ole Engler/Mathias Iven. Berlin 2010 a. S. 11–71.
– Seelenlos glücklich? Widerrede auf Nico Strobachs Replik. In: Moritz Schlick. Ursprünge und Entwicklungen seines Denkens. Hrsg. von Fynn Ole Engler/Mathias Iven. Berlin 2010 b. S. 105–126.
Nagel, Thomas: Der Blick von Nirgendwo. Frankfurt a. M. 1992.
– Geist und Kosmos. Warum die materialistische neodarwinistische Konzeption der Natur so gut wie sicher falsch ist. Berlin 2013.
Pannenberg, Wolfhart: Wissenschaftstheorie und Theologie. Frankfurt a. M. 1973.
Spaemann, Robert: Der letzte Gottesbeweis. Mit einer Einführung in die großen Gottesbeweise und einem Kommentar zum Gottesbeweis Robert Spaemanns von Rolf Schönberger. München 2007.
Strasser, Peter: Theorie der Erlösung. Eine Einführung in die Religionsphilosophie. München 2006.
Strawson, Peter Frederik: Einzelding und logisches Subjekt (Individuals). Ein Beitrag zur deskriptiven Metaphysik. Aus dem Englischen übers. von Freimut Scholz. Stuttgart 1972.
Strobach, Nico: Auferstehung des Fleisches. Eine Replik auf Olaf Müller. In: Moritz Schlick. Ursprünge und Entwicklungen seines Denkens. Hrsg. von Fynn Ole Engler/Mathias Iven. Berlin 2010. S. 73–103.
Tetens, Holm: Natur und Erhaltungssätze: Exemplarische Überlegungen am Beispiel des Energieerhaltungssatzes. In: Naturauffassungen in Philosophie, Wissenschaft, und Technik. Bd. III: Aufklärung und

späte Neuzeit. Hrsg. von Lothar Schäfer / Elisabeth Ströker. Freiburg/München 1995. S. 13–40.
– Existenzphilosophie als Metaphilosophie. Versuch, die kontroverse Pluralität der Philosophie zu erklären. In: Allgemeine Zeitschrift für Philosophie 35 (2010) 3. S. 221–241.
– Der Glaube an die Wissenschaften und der methodische Atheismus – Zur religiösen Dialektik der wissenschaftlich-technischen Zivilisation. In: Neue Zeitschrift für systematische Theologie und Religionsphilosophie Bd. 55 (2013) H. 3. S. 271–283.
Wandschneider, Dieter: Über das Göttliche in der Natur. Das Theologie und Naturwissenschaften Gemeinsame in philosophischer Perspektive. In: Gottesglaube – ein Selektionsvorteil? Religion in der Evolution – Natur und Geisteswissenschaftler im Gespräch. Hrsg. von Sigurd Martin Daecke/Jürgen Schnakenberg. Gütersloh 2000. S. 146–156.
Weidemann, Christian: Die Unverzichtbarkeit natürlicher Theologie. Freiburg/München 2007.
Weinberg, Steven: Die ersten drei Minuten. Der Ursprung des Universums. München/Zürich 1977.
Whitehead, Alfred North: Prozess und Realität. Entwurf einer Kosmologie. Frankfurt a. M. 1979.
Zahrnt, Heinz: Die Sache mit Gott. Die protestantische Theologie im 20. Jahrhundert. München 1966.

Dank

Es ist für einen Philosophen heute durchaus nicht ohne Risiko, ein Buch über das Thema »Gott« zu schreiben, das für den Autor selbst und für manchen seiner Leser eher unerwartet nicht zu einem atheistischen oder agnostischen Fazit gelangt. Hat sich der Autor zudem früher stets im Kreis der philosophischen Atheisten oder zumindest der Agnostiker in der Gottesfrage aufgehalten und auf der zeitgeistsicheren Seite beheimatet gefühlt, dann sind selbst gute Freunde irritiert bis befremdet über des Autors »theistische Wende«.Umso wichtiger sind dann Menschen, die den Autor bei aller Kritik, auch grundsätzlicher Kritik, doch immer wieder ermuntern, das Projekt nicht fallenzulassen. Ich muss gestehen, dass ich während der Arbeit an diesem Buch wie nie zuvor bei einer anderen Arbeit so oft ernsthaft erwogen habe, das Schreiben abzubrechen oder das Geschriebene jedenfalls nicht zu veröffentlichen, sondern in der Schublade verschwinden zu lassen. Ich war darauf angewiesen, dass mir einige Freunde und Kollegen Mut gemacht haben, die Buchveröffentlichung zu wagen. Der gewagte Schritt ist jetzt vollzogen. Zweifel sind geblieben.

Wie auch immer, ich habe denen zu danken, die auf sehr unterschiedliche Weise direkt oder indirekt und manchmal, ohne dass sie es selber bemerkt hätten, mir geholfen haben, über das sperrige und heikle Thema »Gott« nachzudenken. Allen voran habe ich Frank Mau zu danken, so sehr, dass ich ihm dieses Buch widme. Ich habe von Herzen zu danken Gregor Betz, Thomas Buchheim, Godehard Brüntrup, Claudia Franz, Hans Joachim Giegel, Michael Hampe, Jörg Hardy, Friedrich Hermanni, Stephanie Hirdes, Hans-Joachim Höhn, Christian Illies, Ruth Jung, Martin Knechtges, Dirk Koppelberg, David Löwenstein, Olaf Müller, Sebastian Rödel, Hartmut von Sass, Holger Jens Schnell, Thomas Schmidt, Hans Julius Schneider, Pirmin

Stekeler-Weithofer, Hennig Tegtmeyer, Georg Vielmetter, Uta Völkel, Christian Weidemann, Michael Weinrich, Anna Wehofsits, Oliver Wiertz, Michael Zibell.

Zu danken habe ich auch den Studierenden, die in den letzten Jahren meine verschiedenen religionsphilosophischen Lehrveranstaltungen besucht und mit mir über viele Fragen diskutiert haben, die auch im vorliegenden Buch erörtert oder zumindest kurz angeschnitten werden. Es zählt wirklich zu den großen Privilegien eines Hochschullehrers im Fach Philosophie, die eigenen Gedanken vor kritischen und aufgeweckten jungen Geistern entwickeln zu dürfen (und dafür auch noch bezahlt zu werden).

Ich freue mich darüber, dass dieses Buch in der Reihe »Was bedeutet das alles?« erscheinen darf. Was bedeutet das alles? Es ist tatsächlich genau diese Frage, die über und hinter diesem kleinen philosophischen Buch steht.

Zum Autor

Holm Tetens, geboren 1948, ist Professor für theoretische Philosophie an der Freien Universität Berlin. Seine Hauptschwerpunkte in Lehre und Forschung liegen in der Wissenschaftstheorie, der Philosophie des Geistes, der Religionsphilosophie, der Metaphilosophie und der Argumentationstheorie. Zu seinen wichtigsten Veröffentlichungen gehören: *Experimentelle Erfahrung* (1987); *Geist, Gehirn, Maschine* (1994); *Philosophisches Argumentieren* (^{3}2010); *Kants Kritik der reinen Vernunft. Ein systematischer Kommentar* (2006); *Wissenschaftstheorie. Eine Einführung* (2013).